U0926406

汉字力

姜建强 著

上海交通大学出版社
SHANGHAI JIAO TONG UNIVERSITY PRESS

内容简介

本书是“悦读日本”书系之一，讲述了汉字在日语中千姿百态的用法和趣味。自从汉字漂洋过海在日本登陆，它便在与发源地的共鸣和分野中刻画出了一道独具特色的生长轨迹。这种别样风格有时是异乎寻常的细腻感性，有时是不厌其烦的引据考究，有时是“接地气”的创造性改造，有时是东西碰撞中的游移取舍，甚至包括令人忍俊不禁的误会。书中充分展示了汉字在日语世界里花样繁多的日常，从人名中的学问，到如何正确地表达夏日里的那一阵晚风。从中，我们既能深切感受语言本身的想象张力，也能读出隐藏其后的那些群体性格与一方历史。

图书在版编目(CIP)数据

汉字力／姜建强著．—上海：上海交通大学出版社，2018
ISBN 978-7-313-19464-0

Ⅰ．①汉… Ⅱ．①姜… Ⅲ．①日语—汉字—通俗读物
Ⅳ．①H362-49

中国版本图书馆 CIP 数据核字(2018)第 106517 号

汉字力

著　　者：姜建强
出版发行：上海交通大学出版社　　地　　址：上海市番禺路 951 号
邮政编码：200030　　电　　话：021-64071208
出 版 人：谈　毅
印　　制：苏州市越洋印刷有限公司　　经　　销：全国新华书店
开　　本：880 mm×1230 mm　1/32　　印　　张：8.875
字　　数：200 千字
版　　次：2018 年 7 月第 1 版　　印　　次：2018 年 7 月第 1 次印刷
书　　号：ISBN 978-7-313-19464-0/H
定　　价：58.00 元

前　言

将墓地筑造成“迷路”的汉字力

1

严复。近代中国头号翻译家。

但在中日对译西文的几个关键词上，他却未能取胜。

日译“进化”，严译“天演”；

日译“哲学”，严译“理学”；

日译“经济”，严译“计学”；

日译“社会学”，严译“群学”；

日译“形而上学”，严译“玄学”。

结果，汉字文化圈的知识传播，是在用日译还是在用严译？

严译为何未为后人采纳？对这个问题作深入思考就会发现，严复的西文水准不会在日本人之下，他的问题在于跌进了“母语”的陷阱。母语本能地再三要求他再缜密再精致再体察再内化的一个结果就是作茧自缚。而日本人对汉字并不怀母语的本能情结，所以他们相对超脱，放得开，更能驱遣汉字。这正如著名的历史学家山室信一在《作为思想课题的亚洲》（岩波书店，2001年）中所说：日本创造了上千个日本产的汉字词，它们无一不是在根植于日本文化的汉学修养的前提下诞生的。这段话表明日本人的汉学修养并不是自带的，而是从中国来的。“母语”的陷阱对日本人不起作用，这是他们的幸运，当然也是汉字圈的幸运。

但严复扳回一城的杰作是“逻辑”一词。相比“Logic”的音形意绝妙的创意，日本人的“论理”一词显得苍白和牵强。这里严复取胜的“逻辑”又是什么？

非常有趣。西文与汉字，汉字与西文。就这样缠绕着中与日、日与中，就这样缠绕着上一代、这一代、下一代。

2

在日语中有以下这些词：

“初冠雪/初飛行/初体験/初舞台”。这里的“初”念“はつ（hatsu）”，属于训读。

“初対面/初一念”。这里的“初”念“しょ（syo）”，属于音读。

“酒屋”叫“さかや（sakaya）”；“酒店”叫“さけてん（saketenn）”。

为什么会有不同的读法？其理何在？

日本国立国语研究所曾经设想用汉字词与日语固有词对抗来自欧美语言的外来语的扩张。但难度很大。如：“時間”与“タイム（taimu）”

实际上有不同的含义，根本无法统一。日本的面包店、寿司店，还有一些超市，会在下午5点开始搞“タイムサービス”活动，即打折促销。这里的“タイム”能改成“時間”吗？变成“時間サービス”？不行。如果这样，日本人说这就是日语里的“恶语”。如同“我爱你”，如果日语表述为“私はあなたを愛しています”的话，就是极端的“恶语”了。

3

从繁到简。

日本人也经历了无用的抵抗——“缺”变为“欠”、“藝”变为“芸”、“罐”变为“缶”、“燈”变为“灯”，当然有失落和不快的时候。然而随着1948年“当用汉字表”的颁布，一切的抵抗都真的变得了无用处。对编辑来说，“剪燈新話”变成了“剪灯新話”，“缺席”变成了“欠席”。不习惯也要习惯。不喜欢也要喜欢。

从简到繁。

但日本人还是在不同场合、不同语境，尽可能地将繁体字书写在言语的“互联网”之中。在这方面，日本人表现得执着和自觉，好像想要捍卫什么，守住什么。于是我们仍然能看到“渡邉”“黙禱”“日本製罐”“草間彌生”“慶應義塾大学”的字样，像“幽灵”一般，缠绕着新一代的日本人。京极夏彦再将这种缠绕书写成物语，于是产生了《姑獲鳥の夏》《邪魅の雫》《魍魎の匣》《鉄鼠の檻》《陰摩羅鬼の瑕》，仅书名汉字之繁，就能晕倒一大批人。

4

出版作品量巨大的小说家赤川次郎说：如果要写世界上最短的小说，应该如何动笔？只要两行字就可以了：

地球で最後に残った人間が部屋の中に座っている。

するとドアをノックする音がして……

谁在敲门？敲门的人不是地球人？难道是宇宙人？是恶魔？

但肯定不是动物。那究竟谁在敲门??

我们注意到了赤川次郎写得短短的两行字中，有12个汉字。难道是汉字在敲门？是汉字装扮成地球人，在敲地球人的门？

5

在日本，"春眠不觉晓"的经典翻译是"春眠暁を覚えず"。

四个汉字三个假名。

但"南朝四百八十寺"的翻译就是一字不减一字不增地复现"南朝四百八十寺"。日本人为什么要这样处理呢？"南朝四百八十寺"的诗句，难道假名就难以渗透？"南朝四百八十寺"的诗句，难道就是铁打金刚身？日本人说这是日本汉诗翻译史上的一个亮眼处。

6

北原白秋出版的诗集《鏆》,读音为“kanashiki”。意思是“锻冶台上敲打炼物”。再看他的诗《墓地》。白秋将墓地定义成“露之原/小童之草庭/薄黄之石/银杏之片/香华之色海/无缘之草”。最后将墓地筑造成“迷路”。这是北原白秋的汉字力。当然也是明治时期文人的汉字力。

7

苏东坡的诗:

春晚落花余碧草,夜凉低月半枯桐。

人随远雁边城暮,雨映疏帘绣阁空。

日本人将其完全颠倒,让人惊呼,比原作更卡哇伊:

空阁绣帘疏映雨,暮城边雁远随人。

桐枯半月低凉夜,草碧余花落晚春。

8

英语的“and”,中文的“和”,日语是“と”。但如果是法令用语,则不能用“と”,必须用“及び”或“並びに”,如“A 及びB,並びにC 及びD”。某内阁法制局职员的结婚宴,一来宾发言说:“新郎並びに新婦”。婚礼现场的法制局人员事后悄悄对这一来宾说,不是“並びに”,而是“及び”。这位来宾始终不明白自己错在哪里,为什么要有这个区别。

但这个问题在我们中国人看来根本不是问题。不就是“并”与“及”的区别吗? 是“新郎及新妇”更古雅呢? 还是“新郎并新妇”更古雅呢? 你看,还是中国人的汉字思维厉害,一下点中了要点。

9

日语汉字有时也会表现出一种优雅,一种修养。

日语汉字有“唖”字,读“oshi”,但平时日本人用“口の不自由な人”。

日语汉字里有“盲”(mekura)这个字,但平时日本人用“目の不自由な人”。

日语汉字里有“聾”(tunbo)这个字,但平时日本人用“耳の不自由な人”。

总之,用“口不自由/目不自由/耳不自由”替代“哑/盲/聋”,给了残疾人以最大的尊重。同样地,我们在日本也绝对找不到“聋哑人学校”这样的表示。

10

日本人经常思考一个问题。

中国人创造的汉字,我们日本人怀着敬意接受之,并带着自己的感受力将其再造。同时表意和表音、具有复杂形态和复杂机能的汉字,对情感细腻的日本人来说是不是“禁断的果实”?如果最初遇到的不是汉字,而是古印度的表音文字梵文,或是干巴巴的罗马字的话,又会是怎样的景象?

《万叶集》里最为古老的歌是盘姬皇后思念大鷦鷯天皇(仁德天皇)的歌:

君之行　气长成奴　山多都称　迎加将行　待而可将待

日本人经常这样问:用这样的文字表述思念,是日本的幸还是不幸?

11

有“假名”就有“真名”。谁是真名?

汉字。汉字才是“真名”。

当时日本的情况是：

男性——汉字——高级

女性——假名——低俗

这表明，汉字与高级相连，假名与低俗相接。但把这个观念反转过来的是纪贯之。他当时大胆地用假名编撰宫廷读物《土佐日记》。男人能用假名，女人更能用假名了。所以日本女人在文字上的翻身，真的要感谢这位宫廷写手纪贯之。而他的《土佐日记》释放出的正能量是女性用假名并不低俗。

12

"如若稻常菊桜桐野□樋福"。

当中填一个什么汉字？

这是日本银行发行的货币上图案的名字。

一日元的图案是"若木"，五日元是"稲"，十日元是"常盤木"，五十日元是"菊"，100 日元是"桜"，500 日元是"桐"，1 000 日元是野口英世，2 000 日元是紫式部，5 000 日元是樋口一叶，10 000 日元是福泽谕吉。2004 年以前的 1 000 元纸币图案是夏目漱石，5 000 元是新渡户稻造。1984 年以前 10 000 日元纸币图案是圣德太子。

答案自然是一个"紫"字。

"蘭奢待"是什么？这是日本国宝香木的名称。再仔细看，汉字里隐藏了"東/大/寺"三个汉字。日本人也很会玩吧。"蘭奢待"香木现在收藏于东大寺正仓院。动手削过这块国宝香木的人,包括历史上的足利义满和织田信长。

孤独的假名是谁又是谁?

“孤独”就是“一个人”。

一个人的读音是“hitori”。孤独的另类假名也是“hitori”。

13

日本人说,日本的法律文书具有五七五的俳句调:

学問の　自由はこれを　保障する——日本国宪法二三条

相続は　死亡によって　開始する——民法八八二条

宪法条文成了俳句。那么宪法本身是否也被一种诙谐所笼罩?

除去“无用”的假名,留下的六个字是“学問自由保障”,好像意思还很清晰。

“相续死亡开始”,倒是有了一种莫名的诙谐。

看来是民法被俳句化了,宪法还是宪法。

14

《说文解字》对词语的解释非常平易。如:

路——道也。

道——所行道也。

行——人之步趋也。

小——物之微也。

鸟——长尾禽总名也。

雨——水从云下也。

而现代辞典对雨的解释是：

从云层中降下地面的水。

日本人说，现代人的思维力度还不及数千年前的古人。

这就奇怪了。

发现这个奇怪的是日本人。这也证实了这些年来日本人对汉字研究的注重。日本过去流行日本人论，现在流行日本汉字论。在全球化的今天，国家、民族等概念越来越被边缘化和模糊化，最后剩下的身份认同显然就是依赖语言认同。这里既有日本人急于寻根的茫然若失，更有固守心魂的慌乱匆忙。这是否就是日本这些学者在众多的汉字著作中所透出的有价值的信息？

15

コーヒー与珈琲，哪个更有情调？

在雨夜的新宿，在夕阳的银座，在月明的青山，你是要坐在片假名的"コーヒー"店，还是要坐在汉字的"珈琲"店？换句话说，你是要坐在星巴克的コーヒー店要一杯咖啡,还是要坐在“椿屋珈琲店”或“皇琲亭”里点一杯咖啡?心绪会不一样,思考也会有变化。片假名给人时尚的感觉;汉字给人时光的感觉。

日本第一家咖啡店是在1888年(明治二十一年)开设的,店名叫“可否茶馆”。这里“可否”的发音就是“かひ”。当时咖啡的发音是“カヒー”,所以表示为“可否”。江户时代的文献里除了用“コオヒ/かうひい/カウヒイ”等假名表示之外,还有“可非/加非/骨喜/骨川/古闘比伊”等表示。现在使用的汉字“珈琲”,造词者是江户时代的宇田川榕庵,其著作是《博物语韵》。将“coffee”表示成汉字“珈琲”,透露出一种怀旧、沉稳、优雅的感觉,比英语的“coffee”更显品位。

在中国是咖啡,在日本是珈琲。口字旁变成了玉字旁,倒也别有一番情趣。但情趣也是要花钱买的。在东京,一些带有“珈琲”二字的店,一杯咖啡一般要900~1 000日元,而用片假名表示的“コーヒー”店,一杯一般只有300~400日元。

日本人说这是汉字的情感学。

16

语调与重音。

日本著名的国语学者金田一春彦说,JR东海道线的主要站名,从东京往西,从“shìnagawa”(品川)、“yokohama”(横浜),再到“odawara”(小田原)为止,发音基本都是平板型。但从“あたみ”(熱海)起音调开始高升。这是为什么呢?

因为到小田原为止,基本都算是东京的地盘。对东京人来说,到热海就是去旅游的,感觉是去了较远的地方,所以音调要高起来。

你看,日语就是这样一种语言,它将细微差异用一种特有的构造,不露声色地表现出来。如:

① 学校へ行く。

② 学校に行く。

这有什么不同?一般而言,“へ”表示方向,“に”表示场所。这样看,①是走向学校的建筑物,②是去学校学习。因此,学童如果说“学校に行く”,表明去上课;如果说“学校へ行く”,则表明是与同学一起去校园玩耍的意思。

17

2016年6月29日,日本首家汉字博物馆在京都正式开馆了。

走进博物馆,就会见到令人震撼的“五万汉字塔”,高达七八米的大柱子上,密密麻麻写满了汉字。宇宙的讯息,生命的讯息,空间的虚像,时间的虚像,尽在这密密麻麻中。

抬头仰视这尊“高大上”的汉字塔,给人的感觉就是繁星中有汉字,汉字中有繁星。渺小的人就好像栖息在这浩瀚的繁星和汉字中。繁星和汉字就这样与我们共存共生共荣。这种感觉,这种心境,有时就像儿时唱的摇篮曲一样,让人想起母亲,想起成长,想起思念。

作为来自汉字发源地的中国人，看到这个博物馆，会有什么样的思绪呢？

2008年，倡导“汉字文化圈构想”的思想家加藤周一以89岁高龄去世，去世前在《朝日新闻》上连载《夕阳妄语》。他认为，欧洲共同体的前提是文化一体。东亚是否也能文化一体？从这个角度来理解日本人的汉字博物馆，就能明白其含义——汉字3000年，根，在我们中国人这里。

18

お冷はセルフサービスです。

这是日本饭馆、咖啡店经常出现的一句话。

只有一个汉字。而且还是个“冷”字。

日语，有时也表现出一种冷峻。

就像川端康成《雪国》的开头句：

国境の長いトンネルを抜けると雪国であった。

散发着寒气的6个汉字。

19

モノ(mono)可以是“物”，也可以是“者”。コト(koto)可以是“事”，也可以是“言”。这表明了概念未分化阶段的多歧性。如“死というモノ”、“死ぬということ”。前者带有客观性,后者不带有客观性。后者需要“死”这件事以及自己的共有经验(互为主体),所以不能客观化。

村上春树的《发条鸟年代记》里写妓女突然显现出羞耻感。加纳克里特,从来不害羞于自己的职业,男人们也把她当作一个“一般/普遍”来接受——一位妓女而已。不过,当她感到某个嫖客正关注着她,试探她的灵魂时,害羞的感觉便油然而生,让她再也没有勇气面对这个嫖客。这里的她为什么再没有勇气面对这个嫖客呢?就是未分化阶段的多歧性发生了变化。这个嫖客发生了情移现象:从“一般/普遍”的妓女到个别/特殊的妓女。

这就如同“定食”是套餐,“弁当”是饭盒,“元気”是精神一样,完全可以置换的。

20

文字的宽广度是思想的宽广度的再现。

福柯的“词与物”说的就是这个理。

问题是文字一旦思想化,就有一种语言上的不可一世。语言的不可一世在民族语境下是一种幸福,在殖民语境下无疑是一种灾难。1600 年前英语还是小语种,现在却成了世界通用语。

那么汉字呢?汉字的不可一世何在?

日本人说,汉字的不可一世就在于超强的造句能力。如:

“东京大学创立百年纪念论文集编撰委员会委员长委员数人昨天开会讨论汉字文化圈课题引发争议表明意义重大与会代表一致认为必须加大研究力度这次会议到此下次我们再集合再研究——”

几乎可以无限制地写下去。即使排列100多200多个汉字,也无需关系代词就可组合而成。而用日语表示则要用组词,英语表达要用关系代词。除此汉字的造句力还表现在只要在单词后面加上“性”“化”“中”“力”,就可以造出许许多多新词。这在其他语言里是很难做到的。如以“○○力”为书名的书,日本在近年就出版了不下数百本。

21

与谢芜村的俳句:

菜の花や月は東に日は西に。

菜花,月东,日西。

这就是这首俳句的全部意象。没有多余的假名,没有多余的汉字。这是汉字与假名混书的经典句例。这里,汉字是结构的框架,假名是结构的助材。显然,如果去掉假名,图景依旧在。而如果去掉汉字,只剩下“の、や、は、に、は、に”,还能表意吗?

22

《你的名字。》(《君の名は。》)为什么会有个句号?

新海诚的动画电影在中国热映。吸引我们眼球的是这个电影名为什么要有个怪怪的句号?

其实这就是日语表达的有趣之处。如果不加句号,这句话也可能是问句:你的名字叫什么?或者斯文点的话是"请问芳名?"日本老师经常用这样的句式问新来的留学生:"お名前は"(你叫什么?)、"お国は"(你来自哪个国家?)。但提问显然不是新海诚的用意。新海诚并不想让还是少男少女的立花泷和宫水三叶互问姓名,而是要让他们永远记住各自的名字。

所以他加了个句号,使之变成一个陈述句。句号,在新海诚那里,既是终点也是开端,既是冬天也是春天,既是符号也是汉字。阅读=理解,书写=表现。看来这种行文和思想的交错共存,就是日本汉字文化的魅力所在。

《你的名字。》小说的第一句就非常老道,用 7 个汉字定下了整个文本的色调:

懐かしい声と匂い、愛しい光と温度。

23

《濹東綺譚》。

明治文人永井荷风的私小说。将自己化身为主人公大江匡，在玉之井与私娼阿雪厮混。描写相聚的欢乐和离别的痛楚，非常耐读。

问题是这个“濹”字。这个字是江户后期儒学学者林述斋新造的字，指的是江户隅田川（现在东京隅田川），属国字（指日本人自造的汉字）。我们在翻译这部小说的时候，一般将三点水去掉，写成《墨东绮谭》，意思当然也相近，何况隅田川现在属于东京都23区的墨田区，日语汉字的墨田区与中文汉字相同。但是从视觉效果来看，《濹東綺譚》/《墨东绮谭》，前者恐怕更“明治”些更绅士些吧。

就像“蒟蒻”（konnyaku）两个汉字，给人的第一印象就是秋色秋景，而不应该是冬色冬景吧。

24

村上春树的新长篇小说《騎士団長殺し》。

上册的副标题是：顕われるイデア。

下册的副标题是：迁ろうメタファー。

イデア(idea)也就算了,日本人并不陌生,来自柏拉图哲学的“理念/意念”概念。问题是メタファー(metafa-)。明明日语里有对应的汉字词“暗喻/隐喻”,但是村上没有用。说他对汉字没有兴趣吧,“騎士団長殺し”连用了5个汉字。骑士在日语里也有片假名词“ナイト”,但村上没有用。看来,村上的文字意念,确实有自己的盘算,有自己的偏好。

25

那么汉字的最终前景将如何?

当我们在博览汉字3 000年的时候,日本人在博览汉字50 000个。

3 000年加50 000个,或者50 000个乘上3 000年。

结果都是天文数字。

400万种也好,80亿种也好,16万亿种也好,想表明的一个意思就是:汉字词语的再造功能,比其他语种要强得多。

26

离开来自日语的“外来语”我们中国人还能思考吗?

这个问题时常困扰着我们。

但结论恐怕只能说:不能。

这就如同当时大量日本新名词涌进中国,引起守旧者的惶恐,连洋务派领袖张之洞都批示“不要使用新名词”。幕僚辜鸿铭则悄悄告诉他:“名词”亦来自日本。

这就如同问:一归何处?若答:一归于无。那就失败了。不及格了。把它还原于观念论的逻辑学,那就太无味了。

这样看来,要想“脱”日本的外来语,那就等于蛇咬自己的尾巴,再怎样也无法自力完成。

于是我们指向了另一种可能性。

这就等于将日语的“沢蟹”,我们天才地对译成“大闸蟹”,将日语的“車海老”对译成“对虾”,将日语的“秋刀鱼”原封不动地拿来使用一样,有相克,但更多的是相融;有相阻,但更多的是相吸。

27

12 月 12 日。

日本的汉字日。

这一天,京都的清水寺要发表一个世相汉字。

到 2017 年,已经是连续 23 年了。

清水寺的住持森清范挥毫,在高 1.5 米,宽 1.3 米的白纸上,书写出大大的当选字。

这一天,这张挥毫的图片,就传遍了全世界。

软实力输出,日本人又走在前面了。

28

白川静是谁?

这就像问起日本小说家不知道村上春树,问起日本俳人不知道松尾芭蕉,问起日本随笔不知道清少纳言一样,是一种知识的缺陷。

白川静是日本的汉字学家。这位专家做过这样的统计:

《论语》总字数为13 700个,用字数是1 355字。

《孟子》总字数为35 000个,用字数是1 889字。

《诗经》总字数为39 000个,用字数是2 839字。

李白诗994首,字数约77 000,用字数是3 560。

杜甫诗约1 500首,用字数是4 350。

善用奇字的韩愈,诗约400首,用字数是4 350,与杜甫匹敌。

即便是网罗了汉魏六朝诗文的《文选》,其用字数也只不过在7 000左右。

而从明治以后日本汉字使用的情况来看,常用字只在三分之一的程度,作为基础文化教养应该掌握的字数是3 000个。《广辞苑》附载的"通用汉字"有2 935个字,这个收录的比例是与白川静的估计相一致的。从这点看,他对汉字的领悟力也非同常人。

他在写完《字统》《字训》《字通》这"三字"巨著后发问:"天地玄黄,宇宙洪荒",汉字的这种万古雄风,西洋文字能抵挡吗?看来还是这位天寿的白川静(1910—2006)点出了问题的所在。于是,在日本人的眼里,他成了一位大师。一位守住日本人心魂的大师。

29

于是——

《汉字力》。

这就是笔者写作这本书的意义所在。

目　录

第一章　“混合语”：原来汉字可以这样“玩”

第二章

造词力：三明治和明治有什么关系？

第三章

正确地喝下一碗味噌汤：“食、吸、啜、饮”中的层次感

第四章

佐藤和阳葵：人名汉字里的大学问

第五章 脚底到舌尖：鱼旁汉字知几何

第六章 汉式和文里的“汉字心”

第七章

东风遇上西风：可口可乐与俱乐部的强强对决

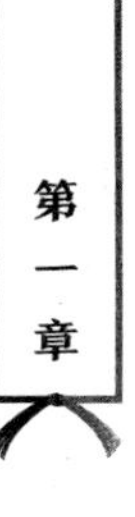

『混合语』：原来汉字可以这样『玩』

将日语定义为混合语，应该是没有问题的。已故日本著名学者加藤周一曾经将日本文化定位在混合文化的坐标上，而承载文化的语言也因此变得混合化。日语固有词、汉字词、外来语是日语词汇构成的三要素。而外来语又可用平假名和片假名来表示。这二重三重的表示方法在哲学思想家柄谷行人看来，并不是技术层面的问题，而是在制度、思想方面早已存在着的。这种文字的形态本质上就是日本人混合心理模式的再现。

1. “癌”为什么要用“がん”表示？

一个“熊”字。

日本人在小学一年级的时候写成“くま”（kuma），会写汉字的时候写成“熊”。

作为生物来观察时用片假名“クマ”，表示可爱时用平假名“くま”，表现它的凶残时用汉字“熊”。

日本的汉字有训读。这是日语的一个特点。土地上隆起高高的一块，当初的日本人称它为“やま”（yama），这便是大和语言。但当时中国人称它为“サン”（san），并写成汉字“山”。于是，对日本人而言，一个“山”字，就有两种读音：“やま”是训读，“サン”是音读。

一个“酒”字。

日本人也有两个发音：一个“サケ”（sake），一个“シュ”（syu）。

一般来说个人因失恋、因远离故乡而一人独饮的酒叫“サケ”。个人的体验、个人的记忆是“サケ”的内涵。日本歌曲唱酒的经典之作，一般认为是昭和年间有渥美二郎演唱的《夢追い酒》（《追梦酒》），歌词中有“夜の酒場で，一人泣く”（夜晚的酒吧里/一个人独自流泪）的句子。为什么要边喝酒边流泪呢？这就是“サケ”的人文效果了。“シュ”一般用于逻辑概念的分类，如“日本酒”“清酒”等。这里的“酒”读音为“シュ”。可以说概念的集合体是“シュ”的内涵。日本人说“李白斗酒”，这个“酒”就是“シュ”，不可能是“サケ”。

日本人管自己国家叫“yamato”，中国人用“邪馬台”三个汉字来表示。但日本人不满意，认为不雅观，便写成“大和”二字。这是日本汉字史上的得意之作。

几年前新人川上未映子以小说《乳と卵》获得芥川奖。这里“乳/卵”二字如何念？日本人都读成“ちち/たまご”，但实际上是念“ちち/らん”。前面是训读，后面是音读。

山本五十六，在太平洋战争时任联合舰队司令长官，被美军击毙。

“山本”的发音自然没有悬念，问题是“五十六”怎么念？连日本人都念成“gojyuuroku”，其实应该念“isoroku”。

英语中的“who/what/where/when/why/how”，简称“5W1H”。日语中与此对应的词是：“だれ/なに/どこ/いつ/なぜ/どう”。写成汉字则是：“誰/何/何処/何時/如何”。

日本的“わび茶”或“わびしい”有一个对应的汉字就是“侘”，表示苦恼、悲叹、失意等，万叶假名时代用“和備”“和備思”来表示。这个“侘”字出自中国。如屈原就写过：“忳郁邑余侘傺兮。”《广韵》释“侘傺”是失意之意。日本人将“侘”字拿过来，赋予了极简、贫寒和残缺的要素，并让其扮演茶道和俳句中的原理主义角色。这是原本“侘”字所没有的意义功能。

在日本，技能性的级数都用阿拉伯数字来表示，如“2级”。但在精神修养方面获得的级数和段数一般用汉字数字表示，如“書道二級”、围棋的最高段数“九段”。当然也可以用阿拉伯数字表示，但分量就显得轻。日本大街上的地址也是先汉字数字后阿拉伯数字，如“银座二丁目2番地”。

同样是“かえる(kaeru)”，可以写成“帰る/代える/換える/替える”，用不同的汉字表现不同的意思。同样是读“とめる”(tomeru)，“車を停める”，这个“停”字，表示临时停车；“車を駐める”，这个“駐”字，表示这辆车要暂时停在驻车场；“車を止める”，这里的“止”，表示本来在移动的车要停一段时间。比如发生了跳轨自杀事件，电车要停驶，日本人就用这个“止める”，因为至少要停20分钟到30分钟。

日本也有“癌”字。但日本的“国立癌症中心”是这样表示的：“国立がんセンター”。“癌”用假名“がん”(gan)来表示。为什么不直接用汉

字呢？因为日本人说汉字的“癌”给人一种很冷硬的恐惧感，给人无法根治的感觉。癌这个字原本出自中国的宋朝（一说最早出现于1264年的《仁斋直指方》），当时是用来表示良性肿块。日本虽然早在1843年就普遍使用这个字了，但现在日本人在选用这个字的时候还是考虑到了当下人们的感受。2016年12月，日本政府出台了“修正がん对策基本法”，其他七个字都用汉字表示，唯独癌字用“がん”表示。现在日本已经进入两人中就有一人患癌的时代，出台基本法是为了对应这个时代，又怕引起民众的恐惧感，所以还是用了假名。但日本有“日本癌学会”和“日本癌治療学会”，都直接用了“癌”字而不用假名。原因在于这些学会成员大多是医生和研究者，不存在恐惧的问题。

2．“雲丹”比“海胆”更优雅

前文说过，日语固有词（和語）、来自古汉语的汉字词（漢語）、主要来自欧美语言的外来语（外来語、洋語）是日语词汇构成的三大块。

属于和汉搭配的有：“重箱/缘组”、“手数/結納”。前二者是汉-和构成，后二者是和-汉构成。

属于和汉洋搭配的有：如“花形スター”、“シャンソン歌手”、“貸しボート業”。前者是和-洋复合语，中间是洋-汉复合语，后者是和-洋-汉复合语。

下面是日本某学校的告示栏上的通知：

英語Ⅱでは2月に二つの課題が出る。

这句话的有趣之处是数字表示的各异：

① 汉文数字“二”。

② 阿拉伯数字“2”。

③ 罗马数字“Ⅱ”。

有人说这是日语表示不安定要素的典型表现。但笔者以为这恰恰是日语词语表示的智慧表现。因为是通知,通知就要吸引更多人的眼球。如何吸引呢? 只能在文字的表示上,给人有眼睛一亮的新鲜感。

日本人用汉字“卵”(tamago)表示鸡蛋,给人鲜活的感觉,但烹饪后的“卵”就表示为“玉子”。“海老”(ebi)和“雲丹”(uni)分别比“蝦”和“海胆”(uni)来得婉转与优雅则是公认的。

“会”/“遭”/“逢”发音都是“あう”(au),但不同的汉字用于不同的场合。

学校遇见了老师用“会う”。如“学校で先生に会う”。

站前遭遇了跟踪者用“遭う”。如“駅前でストーカーに遭う”。

公园遇见了恋人用“逢う”。如“公園で恋人に逢う”。

同样是“おもう”(omou),常用的汉字写法有两个:“思う”与“想う”。前者是表内字,后者是表外字(常用汉字表之外的汉字叫表外字)。一般对家人用前者,如“両親のことを思う”(思念父母亲);对他人用后者,如“恋人のことを想う”(想念恋人)。10世纪的《伊势物语》里有“懸想”一词,明治小说《浮云》里有“想いを懸ける”一句。现在日本人表示“单相思”时,“片想い”比“片思い”用得多。笛卡尔的哲学名句“我思故我在”,日语的公认翻译是“我思う故に我在り”(われおもう/ゆえにわれあり),用的是“思”而不是“想”,表明日本人是将其区别使用的。

在日本,同样是阳光照射的意思,春天说“陽差し”,夏天说“日射し”,秋天说“陽射し”,冬天说“日差し”。梅雨过去,夏天的阳光最耀眼。所以夏天是“日”春天是“阳”。所以“日焼け”(晒黑之意)用“日”而不用“陽”。日本女孩对男孩表白喜欢用带汉字的“好き”(爱你,喜欢之意)，认为这是真爱，而片假名的“スキ”(suki)是逗你玩。所以日本女孩用手机发短信，为了避免误解的发生，一定会再三确认打的是“好き”而不是“スキ”。

3. 叫谁不要再犯过错？

英语的“lunch”，日语有“昼食/定食/弁当/ランチ”等说法。

英语的“hotel”，日语有“旅館/宿屋/ホテル”等说法。

同样是婴孩，有“赤ん坊/赤ちゃん/ベビー/赤子”等说法。

同样是厕所，有“便所/厠/化粧室/洗面所/手洗い/WC/TOILET/トイレ”等至少八种说法，有汉字、平假名、片假名、罗马字。日本人得意地说这是语言水平卓越的表现。

日本人曾用多数表决的方法，选定婴孩与厕所的一般用法。结果是“赤ん坊”与“便所”胜出。但在会话教材里，日本人还是喜欢用“赤ちゃん”和“トイレ”。

日语中第一人称的说法也是繁多杂乱。如：

“自分/小生/手前/当方/不肖/予/俺/愚生/僕/我が輩/私/わし/わたくし……”

至少13种。什么场合用怎样的汉字表示，还真是一门学问。

这门学问挺有难度，而且日本习惯经常省略第一人称的主语表述。这样有时也会出问题。如在日本的文字史上有广岛“碑文论争”的小插曲，说的是和平纪念公园慰灵碑的碑铭。碑铭是这样写的：

安らかに眠って下さい

過ちは繰り返しませぬから

（请安息吧　因为不会再犯过错了）

这里，叫谁安息？叫谁不要再犯过错？谁又在发誓不再犯过错？

不清楚。不确定。

但有日语专家说这是“日本語らしい”（标准日语）。为什么说是“日本語らしい”呢？是否就是碑铭用六个汉字夹杂在假名中，没有主语的日语结构，我汝共存的语韵系谱，担当了日本人暧昧和委婉心绪的最大庇护者的角色？当然从另一视角来看，日语确实也不像英语那样总是患有原理主义和正义病。所以日本人也总说自己的语言是“やさしい日本語”（优雅柔和的日语）。

夏目漱石的小说《少爷》里有“靴足袋ももらった。鉛筆も貰った。”同是“もらう”（morau）（得到，获得），一遍用假名写，一遍用汉字写。问漱石本人恐怕也说不出理由。就如同“人”可以写成“ひと”（chito）也可以写成“ヒト”（chito）一样是没有理由的。

《朝日新闻用字用语集》里，允许混书的日语词有“あん馬”（鞍馬）、“改ざん”（改竄）、“しゃくし定規”（杓子定規）、“じん肺”（塵肺）、“天真らんまん”（天真爛漫）、“ばい煙”（煤煙）、“へき地”（僻地）等等。这是假名与汉字的混书。有两个原因：一是汉字笔画多，书写不易；二是混写更能夺人眼球。法律用语也是，如“覚、醒”二字《常用汉字表》都有记载，但法律名用“覚せい剤取締法”而不用“覚醒剤取締法”就是用了混书，从而达到“意味的喚起性”，即具有鲜明的警示性。

江户时代的读本有在左右两边注假名的习惯。如“是則艶書也”这句话，“艶書”右侧的假名是“えんしょ”，左侧的假名是“アダナルフミ”。显然，前者是音读，后者是训读。但容易被记住的显然还是音读。再如“約莫男女密會”这句，“密會”右侧的注音是“みそかごと”，左侧的注音是“ミックワイ”。江户时期的小说家泷泽马琴（滝沢馬琴），被誉为和汉混用假名混用的高手。他的自笔小说《南总里见八犬传》的稿本，图书馆里还有保存。从“黄昏時候に”“你の面影”“結果なば愉快れど”“頻に焦燥て”可以看出他首先是汉字高手。其次是注假名的高手，如“看病”“君命”“别人”“悲泣”“疑心”“孤客”“眩惑”“效验”等都有两个读音。“看病”读作“みとり”“カンビヤウ”；“疑心”读作“うたがい”“ギシン”；“别人”读作“ことびと”“ベッジン”等。

日本人用片假名“ファクス”表示传真，但用得更多的是罗马字“FAX”。如“FAXを送ってください”（请发传真）。日本人在16世纪的时候就开始使用罗马字了。如安土桃山时代的《平家物语》用口语翻译后在九州的天草出版，其书名就是用罗马字表示的“FEIQE MONOGATARI”。日本人非常高兴的是当时的发音被保留了下来。“平家”，现在的日语发音为“へいけ”，而当时的发音则是“ふぇいけ”，表明那时“へ”的发音为“ふぇ”。

4. 用汉字表示死天下第一

与枯燥无味的“123”“ABC”相比，日本人更喜欢“松竹梅”“優良可”；与西历的“1912年”相比，更喜欢“大正元年”的年号；与一月、二月相比，更喜欢“睦月”“如月”。东京都港区麻布原本有“狸穴町”，可能是由于“狸”“穴”二字太不雅观的原因，被当地人改掉了。再比如“才”与“歳”。对5岁小孩要用“才”，对78岁老人要用“歳”，显然“歳”更敬重。近十多年来，日本小说家有避开使用“々”字的倾向。如“鬱々”改用“鬱鬱”，“轟々”改用“轟轟”。2006年朝日电视台播放的连续剧《轟轟戦隊ボウケンジャー》（《轰轰战队冒险者》）就是一例。显然这不是基于某种规范意识，而是考虑汉字的表现力和震撼力。

日本的正仓院收藏着奈良时代的各种文书,其中也包含信件。那时的信件都以“誠恐々謹啓”为开首句,以“誠惶誠恐謹啓”为结束句。1920年(大正九年),永井荷风写给作家日夏耿之介的书简里,有“五月念六”几个字。这里的“念”与“廿”的发音相同,表“二十”之意。夏目漱石喜欢用“一生懸命”,森鸥外喜欢用“一所懸命”。描写明治书生生态的读物《一读三叹　当世书生气质》,是坪内逍遥在1886年(明治十九年)完成的。尾崎红叶的小说《金色夜叉》写于1897年(明治三十年),小说里经常出现语句:“如何したの”。这个“如何”读音就是“どう”。“可笑い/可愿だわ”。这里的“可笑”读音为“おかし”;这里的“可厭”读音为“いや”。这表明了明治时期文人的汉字意识与汉字情怀。

2012年东京都美术馆举办“大英博物馆·古代埃及展”。其宣传文案为:

緑は再生・復活/黄は金の輝き・永遠

赤は血・火・太陽/黒は死・冥界・豊穰の地

青は水・空・天国/白は日光・聖色

这里,绿黄赤黑青白各表什么,恐怕没有日语基础的人也能看懂吧。

“宇宙是意志的表现,意志的本质是烦恼。”

这是德国哲学家叔本华的哲学语言。翻译成日语的话会如何?

宇宙は意志の表現であり

意志の本質は悩みである。

汉字的明了性不成问题吧。

著名诗人萩原朔太郎的散文诗《浪与无明》中的一段文字:

情欲的浪/意志的浪/邪恶的浪/暗愁的浪/

浪　浪　浪　浪。

朔太郎的另一首诗的名字用了《珈琲店醉月》五个汉字。这里“珈琲”二字也是诗人在玩优雅，因为日本有咖啡的片假名表示(コーヒー)。食欲用上“闲雅”一词来修饰也是这位诗人的发明。他有一首诗名就是《閑雅な食慾》。食欲何以是“闲雅”的？可见其思路的不一般。

专门写百鬼百怪的京极夏彦，他的汉字能力超强。如厚厚的小说《百鬼夜行·阳》中，有一句“恐怖が悔恨が怒気が苦痛が悲哀が”，如果除去无用的“が”，就等于是用中文在写作：“恐怖/悔恨/怒气/苦痛/悲哀/”。最为叫绝的是他故意将“キラキラ”用汉字“綺羅綺羅”来表示，以示青鹭鬼火的神秘。

在中国叫“大卖场”，在日本至少有六种叫法：

催会场/催事场/催物会场/大催场/催物场/催场。

高岛屋写“催会场”；

日本桥三越本店写“催物会场”；

银座的松屋写“大催场”；

新宿伊势丹写“催物场”。

问题是日本的国语辞典里只有一个表示：“催事场”。

那么，其他叫法和写法是从哪里来的？这也是日本汉字组合的怪异之处。

在外面吃饭叫“外食”，这是从1990年开始的；在食品店买来的食物叫“中食”，这是从2006年开始的；下班就回家并在家里吃饭叫“内食”，这是最近流行的叫法。

外食—中食—内食。这是向内收敛的一个结果。

日本的大街小巷，饭店的写法也颇多。如：

居酒屋/酒房/酒亭/酒处/酒肴处/酒爐/酒楼。最近还出现了“旬鲜酒场/旬菜渔理”的表示。如在新宿的歌舞伎町、在高田马场的繁华街能经常看到。

日本人用汉字表示死,也是天下第一。如:

死/病死/戦死/戦病死/事故死/自殺/急死/頓死/心中/殉死/散華/相対死/往生/冥福/死装束/覚悟/辞世/成仏/不慮死/天寿/人柱。

如果再加上假名表示的表示死的词语,那就更惊人了。如:

死ぬ/なくなる/おかくれになる/くたばる/見送る/今生の別れ/露と消える/死んだん気になる/おさらばをする/先立つ/お迎え/死にいそぎ/死におくれ/のたれ死に/むだ死に/死花を咲かす/死んで花実が咲くものか。

真是“死”语的大国。

但也有日本人用这样的句子表现死:“私は原爆で娘を殺しました”。

译文:我用原子弹杀死了女儿。

一位日本人母亲在电视上这样说。

有比这句话更能表示死,更能谴责战争的罪恶的吗?

5. 和汉混合: 白菊夕刊语

混合,是日本语的最大特点。

和汉洋混合:駅前ビル/半袖シャツ。这里“駅”是和语,“前”是汉语,“ビル”是外来语。

和洋混合:輪ゴム/ペンキ屋/ガラス窓/。这里如“輪”是和语,“ゴム”(gomu)是外来语。

和汉混合:男餓鬼(をがき)/女餓鬼(めがき)。男读“を”、女读

“め”是和语,“餓鬼”是汉字词。平安时代的《源氏物语》里的“経箱”“院方”“忌月”“绘所”、镰仓时代的《平家物语》里的“座敷”“勢揃”“分捕”等也是和汉混合。

再比如“白菊夕刊语”。这里“白菊”是表示日本人从平安时代开始的花卉意识,“夕刊”是近代新词。古新一体。白菊如同和语,夕刊如同汉语。“白菊夕刊语”某种意义上就是和汉混合语。

《万叶集》里有歌:“印結而我定羲之住吉乃濱乃小松者後毛吾松”。

读音是:“しめゆひてわがさだめてしすみのえのはまのこまつはのちもわがまつ”。

这里值得注意的是“羲之”读“てし”。“羲之”是指中国书法名手王羲之,也就是“习字的先生”。这表明当时已经有“手師”(てし)的叫法了(“手”是指写字,是和语,“師”指先生,是汉语)。这是最为古老的混合语。

和汉混合的词语还有——

台所　気持　荷物　庄屋　場所　相場　石段　不届　両手　陣笠　貴様　役目　茶畠性根　誕生日　料理屋　絵葉書　喧嘩腰　世話物　無駄足　貯金箱　反対側　高利貸

还有一种叫和制汉语。如日本快餐店有事先买食券的机器,日语叫“券売機”。这是原有的汉字词所不能表述的。汉语的语序是“动词+宾语”,所以有“卖血”“卖国”的说法,“卖”在必须放在前面。但是日语的“券壳”是“宾语+动词”的语序。这就是典型的和制汉语。中暑,日本有“熱中症”的说法,但按照汉语的语序应该是“中熱症”,就像“中毒”一样。

日语有一些固有词也用汉字表示,如“かへりごと”写成“返事”,后来错念成音读“ヘンジ”(henji)。这样“返事”就变成了和制汉语。“ではる”(政府职员去别处办公)写成“出張”,之后音读成“シュッチョウ”(syutyou)。“ものさわがし”写成“物騒”、后读成“ブッソウ”(busou)。“おほね”写成“大根”、读成“ダイコン”(deikon)。“ひのこと”写成“火事”,读成“カジ”(kaji)。这样产生了大量的和制汉语。

《万叶集》编撰者之一橘宿祢在诗歌的前言里写道:

“於時左大臣橘卿率大纳言藤原豐成朝臣及諸王諸臣等参入太上天皇御在所”。

这里的“参入”二字,日语读音为“まいる”,但因为写成“参入”,所以读音变成了“サンニュウ”(sannyuu)。语言学家高岛俊男在《汉字与日本人》一书中说,“和语转换型和制汉语”的第一例或许就是“参入”。高岛俊男还说,最新的由和语转换而来的和制汉语,或许就是登山事故中经常使用的“滑落”一词,原本为“すべりおちる”,写成“滑り落ちる”,然后取其汉字读音成了“カツラク”(katuraku)。平安时代诞生的和制汉语只有“院宣”(いんぜん/inzen)、“悪霊”(あくりやう/akuryou)等,并不是很多,中世纪以后逐渐增多。

苹果在日语中用汉字写成“林檎”,但超市里一般用假名“りんご/リンゴ”(ringo)表示。“檎”字难写是个因素,更重要的是“檎”不是常用汉字。草莓在日语中用“イチゴ/itigo”(苺)表示,“苺”因为是固有词,所以用平假名书写是没有问题的。“スイカ”(suika)的汉字是“西瓜”。西瓜二字大概是在江户时代从中国传来的,用的是汉语的发音。“葡萄”的汉字读音也是从中国传来的。基督教的“耶稣”也是中国翻译的。“地震”不是固有词而是汉字词。“地”读“じ”是吴音,读“ち”是汉音。汉语里

的“全球化”,日语用外来语“グローバリゼーション”。还有“全然大丈夫”。原本“全然”要跟否定搭配,但现在也就这样用了。日本汉字的“壱弐参”与中国汉字的“壹贰叁”不同。“気持ち悪い”的简约形,现在是“キモい”(kimoi)。

也有日本人赞叹说如中国语一“片”到底——喜剧片/悲剧片/爱情片/侦探片/科幻片/动画片,日语中的对应说法是:コメデイ/悲劇/ラブストーリー/探偵もの/SF/アニメーショウ/。怎么看都是凌乱的。汉字和语外来语乱成一堆的感觉。

除“混合”之外,日语中的汉字一般呈现三种形式。

(1) 与汉语相同含义的汉字。如:

銀行/学校/学生/教授/作家/英語/財産/恋愛/失恋/結婚/離婚/宣言/体育/衛星/小説動物/地球/宇宙/人生/経済/人権/文学/感性

(2) 看文字就明白的汉字。如:

新登場(新上市)/素顔(没有化妆的脸)/誕生日(生日)/超人気(非常受欢迎)/大好評(很受欢迎)/宅急便(快递)/不倫(外遇)/無料(免费)/元気(精神)/物語(故事)等

(3) 与汉语语义完全不同的汉字。如:

手紙(书信)/汽車(火车)/勉強(学习)/野菜(蔬菜)/怪我(受伤)/床(地板)/御袋(母亲)/泥棒(小偷)/切手(邮票)/結束(团结)/我慢(忍耐)/痴漢(色狼)/林檎(苹果)/稲妻(闪电)/結構(很好)/質屋(当铺)/野球(棒球)/高等学校(高中学校)/大丈夫(没有问题)/新聞(报纸)/非常口(安全门)/大家(房东)/大事(保重)/丈夫(结实)/天井(天花板)/心中(殉情)/方便(临时手段)/皮肉(讽刺挖苦)

6. 原来汉字可以这样"玩"

平安时代的第五十二代嵯峨天皇,有一天一连写了12个字:

子子子子子子子子子子子子。

并要当时的学问家小野篁试读。小野临机一动,读成了这样的句子:

ねこのこのこねこ　ししのこのこしし。

什么意思呢?就是:猫之子之子猫,狮子之子之子狮子。

这里,聪明的小野篁把"子"分成二种读音:"こ"与"し"。前者为训读,后者为音读。嵯峨天皇听后,拍手叫绝。说有谁能成为此人之子,就是"弓马之士"了。

世界上最长的单词是英国一个有名的站名:

Llanfairpwllgwyngyllgogerychwyrndrobwllllantysiliogogogogh

世界上最长的汉字地名则在日本:京都府京都市東山区三条通南裏二筋目白川筋西入二丁目南側南木之元町。共32个汉字。

日本最古文献《古事记》中皇孙的名有18个汉字:天迩岐志国迩岐天津日高子番能迩迩艺命。

现代日本最长的汉字单词是:禁酒運動撲滅対策委員会設立阻止同盟反对協議会。

现代日本最长的汉字官名:運輸省铁道監督局国有铁道部日本铁道建設公団本州四国連络道路橋公団管理官付辅佐官。

日本最长的站名:南阿苏水の生まれる里白水高原(14字)。这14字的站名如果写成假名的话是:みなみあそみずのうまれるさとはくすいこうげん(22字)。绝对日本第一。

日本有一个地名重复6个"志"字的:鹿児島県志布志布志布志町志布志。

日本江户幕府的开创者德川家康用17个汉字取戒名：安国院殿大相国德蓮社崇誉道和大居士。这是日本迄今为止最长的戒名。

当然日本还有一个世界上最长的古代国家名：トヨアシハラノチイホアキノガイホアキノミッホノクニ。

对应的中文是：丰苇原之千秋长五百秋之瑞穗国。

坐落在东京都港区芝公园的一家高档法国料理店，其精致的菜单上有一道是：

黒いちじくのコンポートと胡桃のアイスクリーム

汉字夹在假名中，一种雅致，一种恬静。

此外，厨师长还用了几个"最"字：

最高级的食材

最高的美味

最佳的状态

最高的奢侈

哲学家西田几多郎《善的研究》中经常出现的最重要的概念是"绝对矛盾的自我同一"。乍一看，好像是中国人在做研究。

日本有"天地無用""倒置厳禁"等词。这个"天地無用"就是中文的"切勿倒置"。于是有日本人提出，不用"天地無用"而用"倒置厳禁"如何？也有日本人说有"口外無用""他言無用"的说法，为什么不能保留"天地無用"的说法呢。うるさい用汉字"五月蝿"来表示，明治初期的小说家坪内逍遥已经这样用了。

中国六朝时期南朝宋的鲍照写有三首诗谜，其中一首是："二形一体/四支八头/四八一八/飞泉仰流"，谜底是个"井"字。日本人在《本朝文粹》中有"火盡仍为燼/山高自作嵩"的字训诗。"丼"（どんぶり/

donburi)这个字是“井”里加一点，日语中牛肉盖浇饭就叫“牛丼”。日本的牛丼店“吉野家”在中国开店已经有多年，中国人也渐渐接受了这个汉字。其实这个汉字中国自古就有，只是中国人忘记了，日本人将其拿来活用。生于明治时代的外村繁取“澪標”为小说名，澪標是航路的木桩标志，同时也是男性器的暗示。

思无邪。日本语是“思い、邪無し”。

除去无用的，便是“思邪無”。

是“思无邪”好还是“思邪無”好？

就像问中国人好还是日本人好一样，没有答案。

没有答案，是否就是答案？

日本人经常这样发问。

7. 用“鳥肌”替代“感激”的混合气质

这样来看，字义上的混合性还是非常明显的。

妊娠/懐妊——有趣的是，如果与日本皇室有关的女性怀孕了，报纸与杂志一般不写“御妊娠”而是写“御懐妊”。这是因为日本人觉得“懐妊”比“妊娠”更具尊敬成分。但日本小说家阿刀田高对这种使用方法提出质疑。他认为“懐妊”的“懐”有“包隐”的意思，外表看不出的状态叫“懐妊”。而怀孕后的八九个月，肚子大大地鼓出叫“妊娠”。在医学不发达的年代，有必要区分孕妇初期和中期的状况。另外“妊”有鼓出的意象，“娠”有动态的意象。与妊娠反应相对应的汉字词是“悪阻”（つわり/tsuwari），即孕吐之意。这也是与我们相当不同的用语。

篇/編——篇与編，如何用？短篇小说和中篇小说，日本人都用“篇”字，但长篇小说日本人用“編”字而不用“篇”字。如写成“長篇”，编辑会

改成“長編”。但也有例外。如岩波书店出版的《语言散策》一书中,就有“《安城家の兄弟》という作品は、文庫本三册に及ぶ長篇だが”这句话,里面写着“長篇”二个汉字,或许是编辑的疏漏。

篇/編,日语都读“ヘン”(hen),但意思和用法是不同的。“篇”是指数个作品。如一篇、二篇、三篇等。还有将作品组合成前篇、后篇。此外,篇还指作品的篇幅(如分量、长短等)。如短篇、小篇、掌篇等。“編”则是指用绳或用线将其串起来或编织起来的意思。做书也叫编辑、编撰等。长篇的话就是做书了,故用“長編”而不用“长篇”。战后日本政府敲定“当用汉字”(即后来的常用汉字),在 1956 年规定,篇—編,長篇—長編,短篇—短編,编辑—編集。

感激/鳥肌——用“鳥肌”替代“感激”,这几年已经很普遍了。如“品格のある美しさに鳥肌が立って”这样的句子,经常出现在《朝日新闻》上,确实是属于新用法。无怪乎 2012 年的大相扑九州赛场的优胜者日马富士在千秋乐获颁内阁总理大臣奖的时候,满面笑容地说“鳥肌が立った”(太感激了)。

栄養/営養——东京有“日本女子栄養大学”。杂志社出版的刊物名叫《栄養与料理》。学校名与杂志名都是“栄養”而不是“営養”。两个词语都读作“えいよう”,日本的辞典如《广辞林》《新潮国语辞典》《岩波国语辞典》两个写法都收录,《角川国语辞典》《旺文社国语辞典》则只表示“栄養”而不表示“営養”。

一般认为,“営養”是汉语,“栄養”是日语。但从字源上看,“栄養”一词也是中国造。《晋书 · 赵至传》云:“吾小未能荣养使老父不免勤苦”,意思是“我未能让老父穿美服食甘旨,老父只能自我勤勉了”。这样看来,带有孝养之意的“荣养”并没有取动植物养料,使体质强壮的“营养"之意。那么日本的"女子栄養大学"不就是"习得孝心"的大学，与营养没有半点关系？日本人将西文"nutrition"翻译成学术用语是明治时期的事情。当时的翻译就用了"栄養"二字。虽然出自中国古典，但学术接轨则是日本人完成的。

降服/降伏——"服"与"伏"日语都念"フク"（huku）。是用"服"还是用"伏"，日本人还是有自己的考量的。1945年（昭和二十年）8月，当时的报纸上是这样写的："日本は連合国に無条件降フク"（日本向联合国无条件投降），用的是片假名"フク"而不是汉字。日本语言学家高岛俊男在《汉字与日本语》中说："青木保《日本文化论的变容》第27页中讲到日本向联合国投降，用了'降伏'二字，而由长谷川松治翻译《菊与刀》，目录的第十三章是'降服後の日本人'，翻开书的第十三章，标题则是'降伏後の日本人'。"看来当然是校对不统一的问题，但也表现出日本人并不太在意"服"与"伏"的区别。再查看1945年8月15日的《朝日新闻》，这一天既没有使用"降伏"也没有使用"敗戦"，同一天的《读卖新闻》则用了"降伏"。可能是看到《读卖新闻》的用字了，《朝日新闻》在8月28日的报道里，提到英美在重庆发表声明，要日本无条件地"降伏"。这里也是用了"降伏"二字。"服"与"伏"，从分量和语感看，自然是"服"字来得厉害。显然，日本人是在玩汉字的游戏，避重就轻。

赤/红——赤与红，日语都读成"アカ"（aka）。这个"アカ"原本不是指向色彩而是表示明亮光辉，如"明し"。从"明亮"再到观念上的明亮色，明亮的赤系色统称为"アカ"。万叶时代的比喻句"像花一样的女性"就是受"红一点"的启发。在日本人看来，"朱"是带黄色的鲜艳色，"绯"是浓赤色，"丹"是赤土色。现在日本人一般都将"アカ"写成"赤"。但和"白"字一起出现时，通常使用"红"字。如红白歌会，红白馒头，红白幕布等。表示喜庆的“红白”之意，平安时代就已经开始使用了。在日本两个队伍的对抗赛也用“红白战”来表示，这是始于“源平合战”。平氏用红旗，源氏用白旗，以区别敌我。学校开运动会的时候，也带赤帽与白帽。但是这个帽子的称呼是“红白帽”还是“赤白帽”，各地差异很大。NHK放送文化研究所的一个调查表明，大约有29%的地区称为红白帽，大约有60%的地区称为赤白帽，还有11%的地区认为二者都可以称呼。东日本和北海道用红白帽的多。

再比如，総/惣，属于字形不同音义相同的汉字。一般写成“惣菜”（そうざい/sozai）与“惣領”（そうりょう/soryou），但也有写“総菜”与“総領”的。涙/泪，意思一样，但后者“泪”较多用于歌词。針/鍼，前者为裁缝用针，后者为医疗用针，如针灸用针为“鍼”。

同样是“棋”字，日本有“将棋”汉字写“棋”，但围棋就用“碁”（ご/go）字。当然这与用材不同有关。“棋”与“碁”的原材料分别是木头与石头。装茶盛饭用的器皿一般叫“盌”（わん/wan），但根据用材的不同，可写成“椀/碗/埦/鋺”。神奈川县川崎市的“崎”、埼玉县的“埼”、岛根县日御碕的“碕”，都读“さき”（saki），但可以是山，可以是土，可以是石。在围棋界，有“棋圣”与“碁圣”两种写法，是同一意义的不同表述，但感觉还是带“木”字的“棋圣”语感更重一些。

8. 《言海》在和《康熙字典》比拼?

《易经》说：“上古结绳而治，后世圣人易之以书契”。后来郑玄（127—200）加注：“事大大结其绳，事小小结其绳。”史前文明的“结绳文字”，确实是一种最原始的记事手段，但还不能说是文字，最多只能说是“符号”。人们在半坡遗迹中第一次确认了20个“符号”的存在。

3 500 年前的甲骨文才是人类最初的汉字。

后汉的许慎撰著《说文解字》，可以说是汉字文明史上第一部字书，计 9 353 字，540 个部首。对每个文字作形、义、音的说明，是其最大的特点。之后是南北朝时代梁朝的顾野王（519—581）编撰的《玉篇》，成书于 543 年，全 30 卷，收录 16 917 个汉字，542 个部首。《玉篇》的残卷发现于京都高山寺和奈良东大寺。隋代陆法言的《切韵》（601 年），共 5 卷，收 12 158 字。《切韵》最大的一个特点就是反映了当时汉语的语音，共分 193 韵。其中平声 54 韵，上声 51 韵，去声 56 韵，入声 32 韵。这些韵在唐代初年被定为官韵。再之后是陈澎年的《广韵》和丁度的《集韵》。前者完成于 1008 年，收录 26 194 字，分 206 韵。后者完成于 1067 年，收录 33 525 字，分平声 4 卷，上声、去声、入声各 2 卷。

集大成的是《康熙字典》。编撰者以张玉书、陈廷敬为代表，共 30 人，用了 6 年时间，于 1716 年（康熙五十五年）完成，全 42 卷，是《说文解字》之后汉字字书的里程碑，收录 49 030 字，是 1 600 年前的《说文解字》五倍的汉字量。而成书于 1915 年的《中华大字典》，收录的汉字量比《康熙字典》少 1 000 字，为 48 000 余字。直到 82 年后的 1993 年，《汉语大字典》问世，收录汉字 56 000 余。1994 年的《中华字海》，更是惊人地收录了 85 000 余汉字。

再来看看日本，其字书出版的年代顺序又是如何的呢？

《日本书纪》里有一条很奇怪的记载：命令境部连石积等人开始编撰《新字》一部，44 卷。这是 682 年的事情，也就是天武天皇的时代。境部连石积是 653 年的遣唐留学生。为什么说这条记载很奇怪呢？因为所谓的《新字》，谁也没有看到过，也就是说最终并没有留下实物。日本现存最古的汉字字书是 830 年成书的全六帖《篆隶万象名义》。前半四帖由日本真言宗的开山祖师空海撰写,后半部分作者不明。但这部字书的问题是只简单地标注了汉字的音与义,没有训读(和音),故严格意义上还不能说是完整的日语字书。《篆隶万象名义》之后,出现的是僧人昌住编撰的《新撰字镜》。这部编撰于900年的字书特点是开始用"和训"标注汉字读音。再之后是源泉顺编撰的《倭名类聚钞》和法相宗僧侣们编撰的《类聚名义抄》。但被誉为日本国语辞典先驱的则是平安时代橘忠编撰的《色叶字类抄》,这部字书的特点是开始按假名顺序分类排列汉字。

进入中世纪,识字阶层逐渐从武士阶级向庶民扩展。《下学集》《节用集》等字书的问世,使得一般民众也能用上字书了。特别是室町时代成立的《节用集》,更是在编撰上有所用心。日本最早收入汉字"酱油"二字的就是这部字书。书中将政治名词"大名"分"たいめい"(taimei)与"だいみょう"(daimyou)两种发音,前者指守护、大领主之意,后者指有钱人,这也是从《节用集》开始的。汉字的表示开始用片假名,也是从这部字书开始的。如"伊勢"(イセ/ise)、"印度"(インド/indo)等。进入江户时代,较有特色的是谷川士清(1707—1776)的《和训栞》,93卷82册。将"けだもの"(kedamono)作为兽类的总称,将"けもの"(kemono)作为家畜的总称,就是《和训栞》的提议。此外还有石川雅望(1753—1830)的《雅言集览》,50卷。

近代日本第一部国语辞典,则是在明治时期由大槻文彦(1847—1928)编撰的《言海》(1891年),总页数达1 110页,收录39 103字语,其中外来语为453条(英语占73条),占总数的1.2%,在日本银行第二代总裁富田铁之助、第一任国学院院长高崎正风等人的策划下,1891年6月23日在东京芝红叶馆举行了出版庆贺会。当时的《东京日日新闻》

评价大槻文彦是“学界之伟人”。在庆贺会上，伊藤博文和福泽谕吉分别发表了祝词。进入昭和时代后，《言海》又经过修订、编辑，成为《大言海》。有一个有趣的话题，中国的《康熙字典》成书于 1716 年，日本的《言海》成书于 1891 年，时间上相差 175 年。那肯定是“言海”在挑战“康熙”了吧。在向“康熙”看齐的同时，又想超越“康熙”。但语言这东西，何以能轻谈超越？可不，现代日本人的汉字思维仍然没有能跳出《康熙字典》的框架，仍然受困于《康熙字典》的博大精深。这正如曾为《言海》写序的西村茂树说过的“欲知文化之高卑，观其国之辞书。”

1893 年（明治二十六年）山田美妙（本名山田武太郎）的《日本大辞典》编撰完成，只用了 17 个月，是日本辞书编撰史上最快的。全书共 12 分册，1 399 页，是第一部用日语口语体解释词义的辞典。但这部大辞典的整体均衡性不如《言海》。《日本大辞典》到サ行时已是第 988 页（全书 71%处），言海则是 581 页（全书 52%处）。现在日本人经常使用的《岩波国语辞典》（第七版新版），页数有 1 625 页，到サ行结束是 869 页（全书 53%处）。《新明解国语辞典》（第四版）页数有 1 405 页，到サ行结束是 751 页（全书 53%处）。这样看来《言海》内容与页数的分配与现代刊行的辞书是一致的。

1898 年（明治三十一年），落合直文编撰的《语言泉》出版。其特点是固有名词和百科词条较多。三省堂在 1903 年（明治三十六年）出版的《汉和大字典》，是日本第一部正式的汉和字书。虽然语言体系是模仿英和辞典的，但这部字典作为日本汉和辞典的初始之作则是毋庸置疑的。此外这部大字典也首次收录了熟语。1907 年（明治四十年），金泽庄三郎编撰的《辞林》问世。其特点是新造词和学术用语有所增加。这部《辞林》在 1925 年（大正十四年）改订为《广辞林》，被中学生广泛使用。

进入大正年代后,1917年(大正六年)《大字典》编撰完毕。这部《大字典》不仅收录汉籍,还收录日本古典书里的熟语。当时这部字典的出版方是启成社。战后,讲谈社获得了该字典的出版权,并于1993年出版了《新大字典》。其特点是收录了大量其他辞书里所没有的汉字异体字,其实用价值获得好评。

1919年(大正八年),上田万年,松井简治编撰的《大日本国语辞典》初版四册面世。其中包括古语、现代语、学术用语、外来语、谚语、成语、格言等,共收录20余万条。这部辞典与《大言海》齐名,在日本属于给之后的国语辞典编撰带来巨大影响的辞典。

9. 作为文化现象的《广辞苑》

进入昭和时代以后,二战前出版的辞书主要有平凡社出版的《大辞典》24册,出版时间是1936年(昭和十一年),特点在于国语辞典与百科事典相结合。二战后日本出版的主要辞书有:

金田一京助的《辞海》,1952年。

新村出的《广辞苑》,1955年。

山田俊雄等的《新潮国语辞典　现代语古语》,1965年。

山田俊雄等的《日本国语大辞典》20册,1976年。

金田一春彦、池田弥三郎的《学研国语大辞典》,1978年。

时枝诚记等的《角川国语大辞典》,1982年。

松村明的《大辞林》,1988年。

梅棹忠夫等的《讲谈社彩色版日本语大辞典》,1989年。

松村明监修的《大辞泉》,1995年。

日本小型版国语辞书有:

《岩波国语辞典》(第七版)——65 000 词条,1 625 页,号称“百年前日本语”最好的版本。

《角川必携国语辞典》(初版)——52 000 词条,1 498 页,号称“日本高中生人手一册”。

《三省堂国语辞典》(第七版)——82 000 词条,1 698 页,号称“反映现时代的一面镜子”。

《集英社国语辞典》(第三版)——95 000 词条,1 984 页,号称“日本国民人手一册”。

《新明解国语辞典》(第七版)77 500 词条,1 642 页,号称“追求创意和个性”的样本。

《明镜国语辞典》(初版)70 000 词条,1 784 页,号称“反映 21 世纪日语的一面镜子”。

《新选国语辞典》(第九版)——90 320 词条,1 425 页,初版于 1959 年,面世半个多世纪的辞典,号称其特点是“控制汉字字数”。

出生于 1894 年的加藤常贤是日本汉字的著名研究者和汉字辞书的编撰者。这位 1978 年去世的汉字专家,是日本综合研究字源的第一人。从 1949 年开始,他开始发表汉字起源研究的结果。1970 年出版单行本《汉字的起源》。在形义音三要素中,加藤重视字音。另一位重头人物是藤堂明保(1915—1985)。他在 1965 年出版了《汉字语源辞典》。这是他在自己的学位论文《上古汉语的词族研究》的基础上改写而成的。该书收录单词约 3 100 个。出版后意外地畅销,一版再版。1980 年出版了大部头的《学研汉和大字典》。

上面两位学者专注字源的研究,白川静(1910—2006)则是注重字形到字源的研究。他著有《说文新义》《金文通释》《汉字百话》《中国古代文化》等书；集大成的是1984年出版的《字统》；之后，86岁时出版大部汉字辞典《字通》；人生的最后一部著作是96岁时写下的《殷文札记》。

值得一提的是日本著名的词语学家安田敏郎在《辞书的政治学》（平凡社，2006年）一书中论述了"作为文化现象的《广辞苑》"。一部辞典，何以能成为一种文化呢？原来，从1955年第一版到2008年第六版，《广辞苑》累计销售了1 200万部。被誉为"一家一册"的当之无愧的"国民辞书"。《广辞苑》到第三版还维持在20万词条，1991年的第四版增补到了22万词条。这显然是受了1988年《大辞林》22万词条的影响。1995年《大辞林》第二版增加到了23.3万词条。《广辞苑》1998年的第五版也增加到了23万词条，2008年的第六版则是24万词条。无论如何也要打败竞争者，这是《广辞苑》的一个理念。《广辞苑》的权威性在日本是公认的，但也有人对它的权威性提出质疑。如《广辞苑》对"水商売"（みずしょうばい）的解释："因为客人的人气旺盛与否导致收入不稳定的买卖的俗称。诸如专供找妓游乐的酒馆、料理店、酒吧等。"这个解释没有把这个行业的色情讲透，有了《广辞苑》的这个解释，日本成千上万家深处于黑暗中的小酒吧，才理直气壮起来，陪酒小姐才堂堂正正起来。《广辞苑》中还有"素颜"一词，指"没有化妆的肌肤"。但现在日本的口号是："姐妹们，用化妆打造素颜的时代到了。"人气女性杂志《FRaU》2015年10月号上出现了新词"偽造美肌"。看来《广辞苑》若再版的话，这个词条非得修改不可。

针对"国民辞书"《广辞苑》，日本的中国问题专家竹内好（1910—1977）公开表态对《广辞苑》不持好感。他说这部辞典被吹捧为日语辞书的代表与权威，反而让自己失去了购买的动力。身为一名文化人，看该字典对语义的说明解释，食欲会减退。而历史学家谷泽永一与渡部升一合著的《广辞苑的谎言》(光文社,2001 年),则对出版《广辞苑》的岩波书店的左翼意识形态提出批评。

10. 日本人为什么也想废除汉字?

历史上,日本也有废除汉字的文化运动。在汉字存废的问题上,日本人一方面表现出对汉字的喜好,一方面又感到它是个“负担”;一方面认为汉字就是日语的一部分,一方面又主张罗马字才是世界性的语言。所以,早在 18 世纪日本就已出现了批评汉字不如罗马字的声音。如极力为德川家推广朱子学的新井白石,在 1713 年写的《西洋纪闻》中就感受到了罗马字的魅力。区区二十几个字,却可记录天下所有语音;汉字纵有数万,但难记难解。贺茂真渊在 1765 年的《国意考》中说,印度用 50 文字写了 5 000 余卷佛教书,荷兰用 25 个罗马字写满科学书。言下之意汉字什么都不是。类似观点在森岛中良于 1787 年写的《红毛杂话》中也能发现。不过,他们都没有明确主张废除汉字。在日本汉字历史上,第一个明确提出“废除汉字”的是前岛密。

1) 前岛密的“汉字废除之议”

日本限制汉字的历史可以追溯到 1867 年(庆应二年),前岛来辅(密)(1835—1919)向最后的将军德川庆喜提出建白书。建白书的标题是“汉字废除之议”。文中提出汉字的关键问题是“繁杂不便,字内无二”。故“国家富强”的基础和“与其他列强并立”所要做的事情就是“停止使用汉字”,改为“表音文字”。

那个年代(幕府末年到明治初期)的日本人的心情关键词就是“西洋”、“国家”、“教育”、“国语”。前岛是学西洋医学的,很早就接触了荷兰语和英语,基于自己的经验写成的建白书也可说是关于语言的心得之谈。他主张汉字用假名表示，如“忠孝”写成“チウカウ”。所以前岛的汉字废除论也可叫假名专用论。他被日本人认为是宣扬汉字废除论的第一人。

2）福泽谕吉的“汉字节减论”

1873年（明治六年），福泽谕吉出版《第一文字之教》。在“端书”（序言）中，福泽谕吉指出假名和汉字杂用非常不便，但考虑到实际情况，即自古传承下来的书籍都是用汉字写的，如果马上废除汉字会很不方便，因此问题不是废除汉字，而是应该限制汉字字数。这就是所谓的“汉字节减论”或“汉字限制论”。他还提出汉字字数应该在“二千或三千”。应该说这是有先见之名的，因为这与现在日本常用汉字表所收录的2 136汉字相符。作为实践，他自己编撰的《文字之教》三册书总共用了汉字802个，成了“限汉”最早的小学语文教科书。

3）矢野文雄的“汉字节减论”

以政治小说《经国美谈》博得人气的矢野文雄（1851—1931），在1886年（明治十九年）3月发表《日本文体文字新论》。“新论”里更为具体地提出了“三千汉字”的主张，并且规定报纸杂志上使用的文字也必须在三千字以内。为此矢野在第二年编撰了《三千字字典》。其中“实字”（名词/代名词）一千字，“虚字”（动词/形容词/副词/前置词/感叹词/接续词等）两千字。

这位矢野是个奇才，当时担任《邮便报知》社社长、《大阪每日新闻》社副社长。中级武士家庭出身，专门研究英美宪法史、政治制度等。1890年，他出版了日本文学史上首部海洋冒险小说《浮城物语》。该小说的特点是汉字多。诸如“繁華宏壮/不快感/我等双方/首府/後辺”等。但搞笑的是，他自己喜欢汉字，自己的笔名也是汉字“龍溪”，居然主张节减汉字。矢野文雄天才地发现汉文新格式的确定是从《春秋左氏传》到《史记》。和文新格式的确定是《源氏物语》之后的《太平记》。他在1886年出版《日本文体文字新论》,将文体分为"普通书"和"文学书"。前者用于政府的布告、教科书、新闻、日用书信等,后者用于小说、论文、专著等。

4)西周的"罗马字论"

森有礼、福泽谕吉、加藤弘之、西周等西洋学者在1873年(明治六年)结成"明六社"。结社后刊行《明六杂志》,其创刊号的卷首文是西周(1829—1897)的大作《洋字ヲ以テ国语ヲ書スルノ論》(《用洋字书写国语论》)。他在文章中呼吁采用罗马字,并为此议论了"十利"与"三害"。其论点是任何人只要认识26个字母,便基本具备了阅读与书写能力,采用罗马字还能原封不动地导入西方的学术用语,可与欧洲共享精神财富。这位创造出"哲学/现象/理性/主观/客观/演绎/归纳"等大量人文词汇的西周,可能是在翻译西文的时候,感到汉字不如西文。

西周言论的支持者、英语学者、植物学家矢田部良吉在1885年出版《罗马字早学》,同时还创设了"罗马字会"。罗马字的杰作就是半个多世纪之后,江户川乱步出版的《罗马字独习梦的杀人》(1959年),就是用平假名和罗马字写成的。他在前言里写道:"我是罗马字书写的赞成者。语言不统一,世界就不能统一。"

还有明治时期的首任文部大臣森有礼,他也曾担忧地说,贫弱的日语输给英语是其命运。在蒸汽和电气的时代,日语无法学习西洋的科学。他的孙子,哲学家森有正那个时候正在巴黎的东洋语学院教日语,也在自己编写的教科书里说:"像日语这样没有逻辑性的语言,在其他语言里是没有的。"

5）冈崎常太郎的“汉字限制”

昆虫学者冈崎常太郎在1938年（昭和十三年）出版《汉字限制的基本研究》，提出汉字数量应该限制在500个以内。作者对当时报纸上出现的汉字进行了深入的调查，所调查的报纸有：《东京朝日新闻》《读卖新闻》《报知新闻》《时事新闻》《大阪每日新闻》。调查内容是1935年1月到12月政治版面与社会版面刊发的文章。

调查的结果如下：

共出现不同汉字3 542字，出现频率度合计为447 575次，其中音读使用354 699次，训读使用92 876次。使用频度第一的汉字是“一”，其次是“日”“十”“二”“會”“大”“三”“國”“政”，第十位是“時”。这个调查与1993年全年《朝日新闻》报道使用的汉字频度惊人地相似：第一位是“日”，其余依次是“一”“国”“十”“大”“会”“人”“年”“二”“本”。

11．全员玉碎的军国思想来自汉字？

1898年（明治三十年）7月24日，加藤弘之、井上哲次郎、上田万年、嘉纳治五郎等人发起成立“国字改良会”。当时文部省参事也参与其中。过了两年，成立了以前岛来辅为部长的“国字改良部”，内设“假名字调查部”“罗马字调查部”“新字调查部”“汉字节减调查部”四个部门。1900年，国字改良部向内阁及文部省等各省大臣、贵族院、众议院两院议长提交了《关于国字国语国文改良的请愿书》。请愿书里提出，一个汉字应该有“音”与“训”两种读法。为此他们提出了四条具体的标准：

（1）用假名可以明白的就不用汉字。

（2）不用笔画多、难写的汉字。

（3）不用笔画少但容易出错的汉字。

（4）用比假名还要便利的汉字。

当时的明治政府并没有接受比较极端的汉字废除论，而是接受了较为缓和的汉字限定论。在1900年(明治三十三年)8月，当时的文部省制定并颁布了《小学校令施行规则第三号表》，限定1 200个汉字。到了1923年(大正十二年)5月，临时国语调查会颁布了《常用汉字表》，限定1 963汉字。进入昭和时期，在“二战”前颁布了三次汉字表，分别是1931年5月的《标准常用汉字表》，1 858字；1942年6月的《标准汉字表》，2 528字；1942年12月的《修正标准汉字表》，2 669字。

1945年日本战败后，又一次面临失去汉字的危机。美国人认为日本人之所以会有全员玉碎战斗到最后一刻的想法，一个原因就是接受的都是错误信息，无法收到正确的信息。因为在当时的报纸上，都是难懂的汉字，一般民众不可能读懂。所以美国人认为，要在日本实行民主主义，就必须要给他们传送一看就明白的信息，而要传送一看就明白的信息，就不能再使用汉字了。于是汉字废除论开始抬头。

但美国人做事也并非一味只凭主观看法。他们首先要寻找让一般民众都能接受的废除汉字的依据，于是实施了一个日本识字率的调查。1948年8月对全国270个市町村15～64岁共计17 100人进行了调查。调查中发现，日本人的识字率竟高达97.7%。这让美国人感到震惊，震惊于日本教育水平之高。在震惊的同时，也感到汉字在其中起到了一定的作用。美国人尊重这一事实，并向高层如实汇报了这个调查。美国教育使节团的报告书中，再没有提及日语拉丁化的问题。于是日本又从废除汉字走上了限定汉字的老路，结果日本汉字得以保留，这是日本的万幸。即便是万幸，也有日本学者表示了极大的不满。石川九杨在《二重言语国家——日本》(NHK出版，1999年)一书中，仍然将限制汉字作为美国占领军的三大恶政之一。其他两个恶政是废除毛笔字教育和推行横排书写政策。横排书写为什么也是“恶政”呢？原来在日本人看来，日语的竖写，从天到地，有个重力的意识问题。而改为横写，这个重力消失了。重力消失了，方向感也就消失了。

战后不久的 1946 年 11 月，国语审议会颁布了《当用汉字表》，共 1 850 字，比战前的 1942 年 12 月的字表少了 819 字。《当用汉字表》同时还规定了使用上的八项注意事项：

（1）表内汉字不能表现书写的话，转换其他语言，或用假名书写。

（2）代名词、副词、接续词、感叹词、助动词、助词等，尽可能用假名书写。

（3）外国的地名、人名用假名书写，但是“米国”“英米”等按照原来的习惯写法。

（4）外来语用假名书写。

（5）动植物的名称用假名书写。

（6）借用字用假名书写。

（7）原则上不使用平假名。

（8）关于专门用语，希望以该表为基准加以整理。

现在看来，当时之所以做这样严格的限制，是因为当时欧美的一个担心是，如果日本人今后再大量使用汉字，再读太多的儒教文献，就难以脱离“忠君孝亲”的封建思想，有再次“军事大国化”的危险。

只能使用 1 850 个汉字，语文生活就发生了问题。如“偵”字，由于没有入表，当时的报纸杂志等就不能写“探偵”。战前江户川乱步的《少年探偵团》等“探偵小説”就已经很有人气了，但现在“探偵小説”这个词就不能使用了。“偵”只能用假名书写，表示为“探てい小説”。日本人看了都感觉别扭，于是后来有了“推理小説”这个词。再后来，“偵”字总算进入了常用汉字表，日本人现在可以公开书写“探偵小説”了。换写的例子还有很多，如“暗誦”写成“暗唱”；“輿論”写成“世論”；“激昂”写成“激高”；“肝腎”写成“肝心”；“鄭重”写成“丁重”；“訣別”写成“決別”；“日蝕”写成“日食”等。日语经常用“瀆職”表示“官僚贿赂”含义，但是“瀆”字没有入表，只得用“汚”字代替，变成了“汚職”。字变了，读音也变了，现在“汚職”反而成了正式用语。由于“拉”“拿”没有进入汉字表，所以报纸上出现了“ら致”“だ捕”的混杂书写。此外，当用汉字表还采用了较多的新字体。如“學—学”“廣—広”“圓—円”“藝—芸”“辨・辯—弁”等。值得一提的是，战后的1946年的汉字表里，连“猫”“熊”二字都属于限制对象。“犬”字则作为例外被采用了。“狂犬病”“愛犬家”便可以自由组合出来了，可能是考虑到当时有狂犬病的缘故吧。

12. “朕”字成了常用的废字

1981年10月，日本国语审议会又颁布了《常用汉字表》，收录了1 945个汉字。从“当用”到“常用”，34年过去了，能使用的汉字虽然只比1946年的1 850字增加了95字，但这是一个表明“对汉字的限制开始宽松”的强烈信号，表明欧美放弃了对日本意识形态的管控。“猫”字也被收编，爱猫人士当然感到高兴。

原来的表外字这次也几乎都收录进去了。原本“拉致”的“拉”、“伴侶/僧侶”的“侶”都属于表外字，但在生活中广泛使用。“冤罪”“愛玩”“剥奪”等字也常见于报刊，但“冤/玩/奪”三字原本属于表外字。大学的“助教授”有被“准教授”替代的倾向，所以“准”字的使用频度也高了起来。常用汉字表都将这些字都收录入表了。另一方面，表示重量单位的

“匁”字也意外地被收编了。之所以说“意外”,是因为在购物的时候,基本不用“匁”(モンメ/monme)这个重量单位了。“謄”“劾”二字也“入常”,问题是“謄”字只用在“户籍謄本”上,“劾”字也仅用于“弹劾裁判”。日本人说:“这怎么说是‘常用’呢?”显然表述有不妥之处。再如日本天皇自称“朕”的时代早已过去,现在已经自称“わたくし”(watakusi)了,但“朕”字也属于常用汉字。对此日本人不无调侃地说,这个“朕”字现在成了常用的废字。

同样是常用汉字表里的字,由于20世纪80年代开始的电脑和手机等电子机械的普及,键盘打字变得日常化,日本人称之为“OA革命”。但也带来不少问题。如当时的打字机(ワープロ/wa-buro)打明治作家“森鷗外”的名字,打出来的是“森鴎外”,但教科书等印刷品里都是“森鷗外”,“鷗/鴎”的不同,令日本人困惑,不知哪个是正确的。此外还有将“醬”打成“醤”,将“箪”打成“箪”等。这些都是1983年“扩张新字体”带来的问题。当时日本文艺家协会理事长江藤淳发出了“救救汉字”的呼声,要求在技术上改进电子用品的规范。当然现在电脑打出来的是“森鷗外”而不是“森鴎外”。但走到这一步花了20年时间,残存的大量印刷品上有无数扩展的新字体,都成了无法更改的见证。日本人将其称作“简易惯用字体”。

29年后的2010年6月,日本文化审议会又颁布了《改定常用汉字表》。这是对1981年的常用汉字表的改定,结果是追加了196字,削减了5字,共2 136字。《改定常用汉字表》的前言部分是这样表述的:在广泛使用情报处理器具的现在和将来,如何习得汉字,为什么还要习得汉字,是必须思考的一个问题。从小学到中学,反复练习,就会形成视觉、触觉、运动感觉等复合状态,这有利于增加脑的活力。显然,这里提出了一个学习汉字的新观点：汉字能培养人的复合感觉。

在追加的汉字中，包括都道府县使用的地名用字如“茨”“岡”“潟”等11字。其中最大的亮点是将“熊”“鹿”二字收入表内。熊本县的“熊”、鹿儿岛县的“鹿”再也不是表外字了。这样一来，继“栃”“阜”之后，日本47个都道府县名全部可以用汉字表示了。此外，“丼”“呂”等日常生活用字，与法律有关的“毀損”的“毀”、“賄賂”的“賂”，与医学有关的“咽喉”“潰瘍”，与歌舞伎有关的“伎”，与净琉璃有关的“琉璃”等都进入了表内。“私”的读音之前一直就是“わたくし”，但这次追加了“わたし”的读音。另外，改定常用汉字表还追加了“頃/拶/旦/鬱/箸/淫/弄/俺”等汉字。“貪欲”的“貪”、“破綻”的“綻”也被收录的原因是为了消灭带假名的“どん欲”“破たん”的写法。

从常用到改定，是如何确认字种的呢？原来，改定汉字表的制定是经过广泛调查的。调查方法主要是统计汉字出现频率。其方法是：

取860册书籍（教科书）中的49 072 315字。

取两个月的《朝日新闻》各版面中的3 290 795字。

取两个月的《读卖新闻》各版面中的3 674 613字。

取网站上各个新闻用字中的3 428 829字。

各网站用字1 390 997 102字。

也就是说在这些频繁出现的字种基础上，最终确定了2 136字。判断取舍的标准有四点：

出现频度高，造词力也高的汉字。如“眉、溺”等。

能提高汉字和假名交混使用的字。如“謙遜”的“遜”、“堆積”的“堆”等。

出现频度高的代名词如“誰/俺”等。

作为例外的固有名词。如都道府县名的"岡/阪"以及"韓/畿"等。

出现频度不高,但日常生活中不可缺少的字。如"訃報"的"訃"字。

13. 百年前后的两个字: 梅／梅

夏目漱石的小说《从此以后》,从1909年6月27日开始每天在《朝日新闻》上连载,至10月14日结束。《朝日新闻》为了纪念"106年前的全110回连载",于2015年4月1日开始了新的连载。8月3日连载的第86回开头一句是这样的:

"代助は今まで冗談にこんな事を梅子に向かっていった事が能くあった。"(之前代助经常向梅子开玩笑地说这类事。)

但106年前连载的文字是这样的:

"代助は今迄冗談に斯んな事を梅子に向かって云った事が能くあった。"

注意观察的话可以看出两段文字有几个不同点。首先是106年前的"梅"字与今天的"梅"字写法上的不同。因为在2010年公布的《改定常用汉字表》里出现的是后一种"梅"字,所以现在的印刷都是用这个"梅"字。其次是当时"今まで"用了汉字"今迄",表明那个时候汉字使用比现在更频繁。再次是当年用"斯"字,现在用假名"こ"。如果现在还用这个"斯"字,日本的年轻人恐怕不会读。

有"小说之神"之称的志贺直哉也曾经直言:造成不幸战争的一个原因是日语的欠缺。为了成为一个真正的文明国家,必须废除日语改用法语。用日语写了40多年的小说,却说这样的话,日本人评论说这是"暴言"(暴力的语言)。

但也有日本学者说,"我们比韩国人聪明的地方就在于没有废除汉字。废掉一个汉字，看上去只是一个汉字，但这个字所负载的文化和历史的信息，也就丢失了，丢失了这个字后面的一连串的珠宝。"这就令人想起井上园在1900年就喊出的口号："废除汉字，犹如打倒贵族。"

有趣吧？还真的有趣。

再比如睫毛/まつ毛/まつげ(matuge)——眉毛/まゆ毛/まゆげ(mayuge)。睫毛与眉毛，日语都有三种表示。但哪一种表示最受年轻女孩的喜欢呢？就是不用汉字的表示。因为"毛"字，给人脏兮兮不清爽的感觉。但如果是鼻毛怎么办？日本女孩说就用"鼻毛"二字没有问题，因为已经是鼻毛了，所以也只能用鼻毛表示了。

从百年前后的两个梅/梅字，我们还想到了"期"字的发音：

一期一会——いちごいちえ(itigoitie)。

最期/末期——さいご/まっご(saigo/ma-go)。

"期"在这里都读作"ご"(go)。这个"ご"的发音是从哪里来的呢？原来是和尚的发音。日本和尚在念经的时候，都将"期"字念成"ご"。

14. 日本汉字的百年攻防轨迹

如果再粗线条地归纳一下汉字在日本的攻防轨迹，我们会看到日本人对汉字的那么一种"汉心"的执着与喜爱。日本汉字有"三规格"之称：常用汉字/人名用汉字/情报交换用汉字符号系(也叫JIS汉字)。

常用汉字——用于法令、公用文、报纸、杂志、广播等。

人名用汉字——常用汉字之外，婴儿起名使用的汉字的集合。在日本出生的婴儿，如果具有日本国籍，出生后二周以内必须到政府部门去申报出生，使用的名字必须是《户籍法》所规定的文字。

JIS汉字——针对工业产品使用的汉字而制定的规定。

从其攻防轨迹来看，下面的点与线是不可忽视的。

江户后期的1867年2月，前岛密向德川庆喜建议“汉字废除之议”，主张普及假名文字教育。

明治二年的1869年，南部义筹向旧土佐藩主山内丰信建议“修国语论”，提议用罗马字作国语表示。

1872年，首位文部大臣森有礼倡导废除日语，以英语为国语。

1873年，福泽渝吉在《文字之教》中提议限制汉字。用假名表示的报纸《まいにち/ひらかな/しんぶんし》开始发行。

1874年西周发表《用洋字书写国语论》。

1900年8月，文部省颁布《小学校令施行规则第三号表》，限定1 200个汉字。

1902年成立“国语调查委员会”作为讨论国语问题提言施策的机构。

1921年，“国语调查委员会”又改为“临时国语调查委员会”。

1923年5月，在文部大臣监督下的“临时国语调查委员会”发表了《常用汉字表》(1960字，简易字体154字)。

1931年发表《常用汉字表及假名使用改定案修正》(1960字减去147字再加45字等于1 858字)

1934年，“临时国语调查委员会”改为“国语审议会”。

1938年制定“汉字字体整理案”。

1942年，“国语审议会”发布《标准汉字表》(2 528字。常用汉字1 134字加准常用汉字1 320字加特别汉字74字)。

1945年8月15日日本战败。9月3日占领军发出指令：道路标示和车站名的表示、公共设施的通告用罗马字表示。11月，学校和警察等公家机关禁止柔道和剑道的训练。

1946年4月,志贺直哉在《改造》杂志上发表文章,主张用法语替代日语。11月16日内阁告示《当用汉字表》,提出义务教育要用"国民汉字"的概念。

1947年4月,依据学校教育法,国民学校改为小学校和中学校。7月,国民汉字改称为"教育汉字表"。9月,义务教育用汉字主查委员会将"当用汉字别表"改称为"教育汉字表",共881字。12月,《户籍法》开始实施人名的汉字限制。

1948年2月,《当用汉字别表》《当用汉字音训表》发布。8月,GHQ(联合国军占领日本时设立的总司令部)伞下的民间情报教育局提议,在全国实施识字能力调查。12月,国立国语研究所成立。

1949年4月,内阁告示《当用汉字字体表》,选定723字。

1950年4月,时枝诚记担任汉字部会会长,设置罗马字调查分科审议会。

1951年5月,内阁告示《人名用汉字别表》,追加92汉字。

1961年日本表音派和表意派空前对立。

1964年吉田富三提出"国语用汉字和假名混合表示是正则。"

1966年在第八期"国语审议会"总会上,中村梅吉文部大臣作"汉字假名混合文为前提"的发言。

1968年文部省颁布《学年别汉字配当表》,115字。

1977年国语审议会报告《新汉字表试案》,1 850字加83字再减去33字等于1 900字。

1977年文部省颁布《学年别汉字配当表 · 标准字体》,增加996字。

1978年9月,打字机商品化。日本工业规格"情报交换用汉字符号系"JIS C 6226—1978推出。

1981 年 10 月，内阁告示《常用汉字表》，1 926 字加 19 字等于 1 945 字。同时废除《当用汉字表》《当用汉字改定音训表》《当用汉字字体表》。《当用汉字别表》吸收进《学年别汉字配当表》。《人名汉字别表》成为《户籍法施行规则》的“别表”，人名用汉字的管辖权移至法务省。

1989 年日本改年号“平成”。《学年别汉字配当表》的汉字，也叫“教育汉字”再增加 1 006 字。

1995 年开始审议“表外字”。

1997 年日本文艺家协会举行“救救汉字”的活动。

1998 年 6 月，在第 21 期国语审议会上报告“表外汉字字体表（试案）”。

1999 年移动电话可以发送文字邮件等。

2000 年 12 月，第 22 期国语审议会总会向文部大臣提交《表外汉字体表》，共 1 022 字。

2001 年 1 月，废除“国语审议会”，由“文化审议会国语分科会”统筹国语问题。

2006 年 12 月《新教育基本法》公布。

2010 年 6 月《改定常用汉字表》发布，1 945 字加 196 字再减去 5 字等于 2 136 字。

当然可以写成“猫屋”。但日本人还是将“屋”写成了“や”。点画出了猫的可爱一面。

青椒肉丝。日本人最喜欢吃的中华料理之一。菜是外来菜，干脆文字也用外来语了。

鱼旁汉字。日本人将自己最得意的汉字，迫不及待地写在了寿司店里的杯子上。

鮎	鰕	鯨	鯖	鯛	鰰	鰤
AYU	EBI	KUJIRA	SABA	TAI	HATAHATA	BURI
鮑	鮖	鯉	鮫	鮹	鱧	鯔
AWABI	KAJIKA	KOI	SAME	TAKO	HAMO	BORA (INA)
鮻	鯑	鯒	鰆	鱈	鮠	鮪
ISAGI	KAZUNOKO	KOCHI	SAWARA	TARA	HAYA	MAGURO
鯆	鰹	鮗	鯱	鰌	鰉	鱒
IRUKA	KATSUO	KONOSHIRO	SYACHI	DOJO	HIGAI	MASU

産地は商品に記載
熟成黒にんにく
1パック(大)
<本体価格> 1,180円
<税込1274.40円>

“熟成黑”是一种什么黑？但把“熟成”颠倒为“成熟”。哦，原来是成熟黑。一切成熟的东西，在日本是熟成。

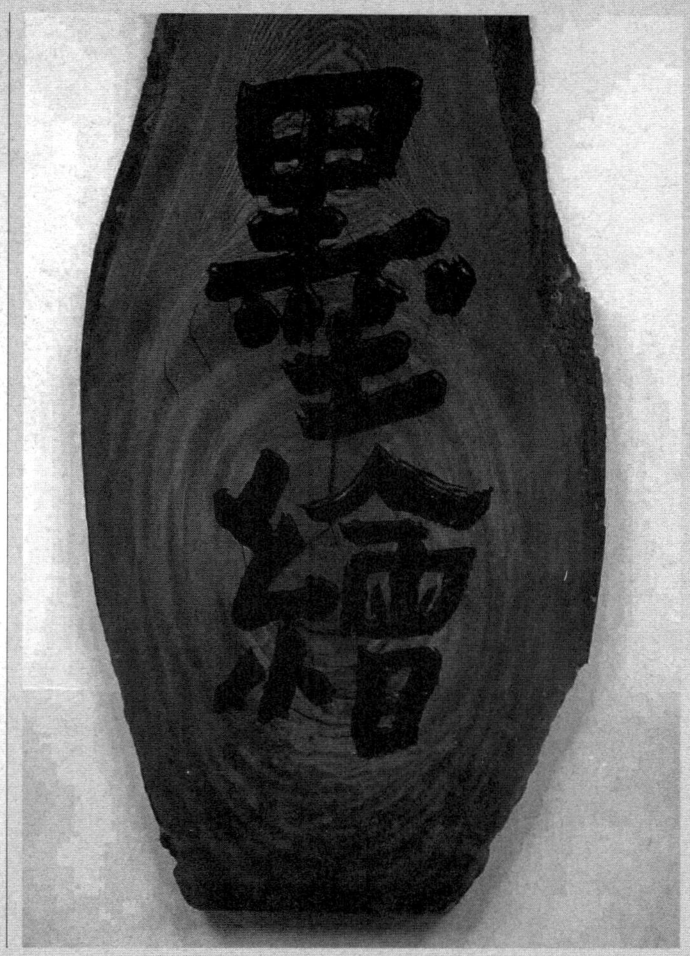

日本人玩汉字的功夫还真的不差。二个字写得多传神。

京都的先斗町。黑暗中的一家汉字小酒店。

整段只有一个汉字，幸福的“幸”。但整段文字就是说的是幸福。问你幸福还是不幸福。文字游戏中的汉字一点红。

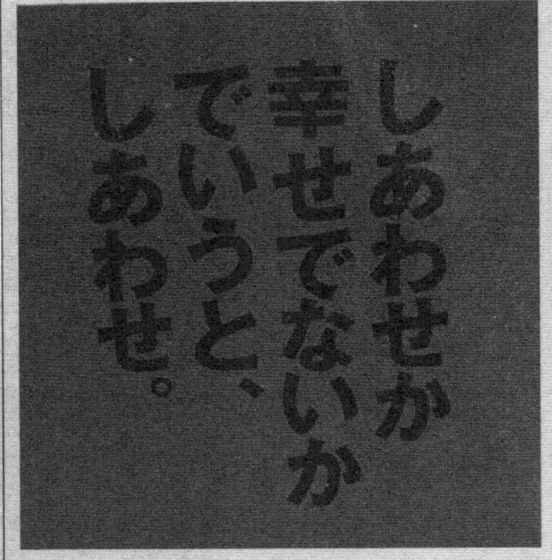

日语汉字的新干线/中文简体的新干线/中文繁体的新干线。

汉字+假名。味の逸品。更是文字图式的逸品。

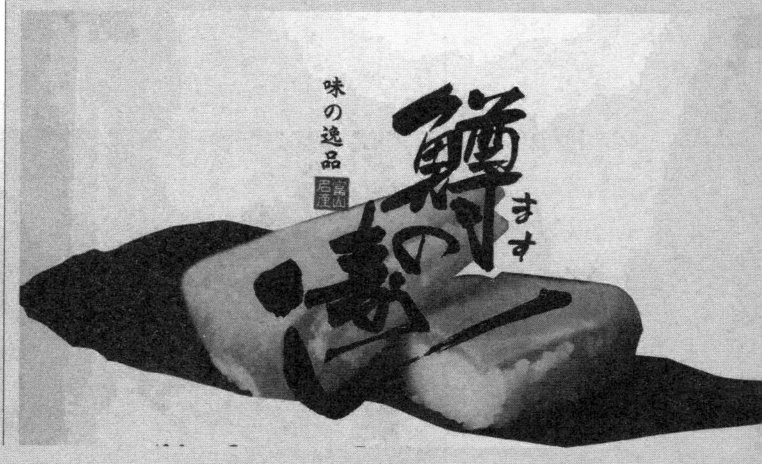

冰见，日本的一个港湾名。用鱼将冰见组合成一个字，日本人说这就是国字了。

白川乡的巴士站。汉字/片假名/英语。日本人基本的言语组合拳。

完全的汉字汉文。好像置身在中国。

第二章

造词力：三明治和明治有什么关系？

1. 读错汉字是什么滋味？

日本是一个对汉字十分讲究且十分认真的国家。讲究和认真到什么程度呢？只要看看社会小说家池井户润在2010年出版的小说《民王（たみおう）》就知道了。这部小说极受欢迎，于2013年再版成文库本。2015年7月，朝日电视台将这部小说改编为电视连续剧。小说与电视剧的主要情节就是新当选的首相武藤泰山与蠢货儿子灵魂交换，读出的汉字错误百出，令国民嗤笑不止，民众纷纷质疑：一个不能读准汉字的人怎么能当首相？

这位武藤首相读错了哪些汉字呢？

将“脱却/だっきゃく”（da-kyaku）读成“だつきゃく”（datukyaku），以为这里的“脱”读“だつ”（datu）。这是小学生的错误。

将“踏襲/とうしゅう”(tousyuu)读成“ふみしゅう”(humisyuu),以为这里的“踏”读“ふみ”(humi)。这是中学生的错误。

将“直面/ちょくめん”(tyokumen)读成“じかめん”(jikamen),以为这里的“直”读“じか”(jika)。这是高中生的错误。

将“未曾有/みぞう”(mizou)读成“みぞゆう”(mizoyuu),以为这里的“有”读“ゆう”(yuu)。这是大学生的错误。

首相在电视直播中读错汉字,一时间舆论喧哗。新闻报道评论:“这太有失国体啦。”反对党说:“真不敢相信自己的耳朵。”显然,小说和电视剧里念错汉字的情节是有影子的,是有指向的。明眼人一看就知道这是指向日本前首相麻生太郎。

麻生太郎是个读书迷,更是个漫画迷。他在日本政治家中属于掏钱买书较多的一位。一般的人文素养应该是没有问题的。他任职期是2008年9月24日至2009年9月16日,一年差8天。有日本记者将麻生任职期间读错的汉字词罗列如下:

踏襲/とうしゅう(tousyuu)念成ふみしゅう(humisyuu)。

措置/そち(soti)念成しょち(syoti)。

有無/うむ(umu)念成ゆうむ(yuumu)。

詳細/しょうさい(syousai)念成ようさい(yousai)。

未曾有/みぞう(mizou)念成みぞゆう(mizoyuu)。

頻繁/ひんぱん(hipan)念成はんざつ(hanzatu)。

低迷/ていめい(temei)念成ていまい(temai)。

順風満帆/じゅんぷうまんぱん(jyunbu manpan)念成じゅんぷうまんぽ(jyunbuu manbo)。

破綻/はたん(hatan)念成はじょう(hajyou)。

希求/ききゅう(kikyun)念成ききょう(kikyou)。

傷跡/きずあと(kiziato)念成しょうせき(syouzeki)。

怪我/けが(kega)念成かいが(kaiga)。

三種の神器/さんしゅのじんき(sansyunojinki)念成さんしゅのしんぎ(sansyunosingi)。

最令日本记者吃惊的是,日本天皇家皇位继承的象征物——“三种神器”都念错,这要在战前,就属于“不敬之罪”了。2008年11月27日的《每日新闻》对此推出了“麻生首相轻率语”大特集。其中特别以被麻生读错的汉字词“頻繁”为例,说他在中日交流活动致辞时,自豪地表示“(中日)首脑往来频繁”。不过他将“頻繁”读错了。杏林大学外语系日语教育专业金田一秀教授辨别后认为,当时麻生首相一定是将“頻繁”(ひんぱん)错读成了“繁雑”(はんざつ)。这样意思就全变了。因为“繁雑”的意思是“过多,复杂”。难道是嫌中日首脑往来太多了?显然麻生发自内心的好意不经意间表达得全然相反了。

麻生前首相有“读字障碍”?这是东京大学医学部著名解剖学者养老孟司提出的一个疑问。麻生念错汉字后,日本出版界也紧跟市场出版了《看似会读实则不会读的易错汉字》等实用书,销量居然突破百万册。电视里的汉字专题节目收视率也创新高,如通过猜字谜游戏展开竞争的《阿Q猜谜王》《六角猜谜Ⅱ》等节目大受欢迎。对此现象,有日本媒体评论说:“在连丰田都亏损的日本,与汉字相关的产业几乎成了唯一赚钱的地方。”

2. 汉字的“整形”美学

汉字尊形。

将原本不太雅观的文字形象改变成雅观耐看的文字形象，日本人在这方面也是动足了脑筋。

有町村的公厕命名为“香和家”，改变了原本“公厕很臭”的印象；垃圾箱写成“護美箱”；百货店打出“多価楽市”的横幅，给人高价品低价卖的感觉；造酒厂商将烧酒命名为“翔酎”“祥酎”，也是改变形象的做法；将“豆腐”写成“豆富”，表示了营养丰富的同时，也将“腐”字驱逐了出去；女性杂志里将女性爱吃的牛肉火锅“すきやき”（sukiyaki）写成“寿喜焼”和“家喜焼”，以讨个吉利。

日本人的创意还有很多。如“数寄屋”是在庭园里建造的茶室，因为“数寄”的发音是“すき”（suki），暗合“好き”，表风流之意。“仲見世”这三个汉字也妙极，它表示寺庙和神社里面的商业街。“見世”的发音是“みせ”（mise），正好就是“店”的发音。在东京，说起“仲見世”，最为典型的就是浅草的“仲見世”商店街。在有的居酒屋里，还可以看到“御手茂登”的字样，读音为“おてもと”（otemoto），和“お手元”同音，意思是指筷子。显然“御手茂登”这四个汉字不坏。

日本杂志报纸上的一些广告用语也是汉字组合，非常有趣。如某个电机商家出品的复印机广告词是“彩色兼美”，显然是来自日本固有的四字熟语“才色兼備”。类似的还有：

香気心——香水广告用语。模仿三字熟语“好奇心”。

通勤快足——袜子广告用语。模仿四字熟语“通勤快速”。

乾坤一滴——毛发剂广告用语。模仿四字熟语“乾坤一擲”。

一機当千——OA 机器广告用语。模仿四字熟语“一騎当千”。

胃丈夫——胃药广告用语。模仿三字熟语“偉丈夫”。

三行革命——打字机广告用语。模仿四字熟语“産業革命”。

一植即髪——假发广告用语。模仿四字熟语"一触即発"。

更雷人的是痔疮药的广告语——"痔憂痔在"。为痔烦恼的人不在少数,如何做到"自由自在"呢?日本人异想天开用了"痔憂痔在"四个字。

日本自卫队的训练用语里,"匍匐前進"改成了"步伏前進"。"匍匐"二字让人想到的是肚子贴着地面爬行的不佳形象,而"步伏"则有整齐划一的美感。表示有生气且活泼的日语汉字词为"溌剌"(はつらつ/haturatu),注重美的日本人给"剌"字加了三点水,成了"溂"字,组合成"溌溂",这是中国没有的汉字。"纐纈"是日本奈良时代的一种印染方法。一般写成"絞纈"也是可以的,但考虑到与"纈"字相配,便造"纐"字成为"纐纈"(こうけち/こうけつ),生出了左右对称的自然美感。"繧繝"是一种非常美丽的印染花纹,原本表示为"暈繝",后来动"整形"术,改成更美观的"繧繝"。车轮发出的摩擦日语叫"軋轢"(あつれき/atureki),这两个汉字来自中国的繁体字,读作"yali",现在多用"倾轧"表示。日本人用这两个汉字表示日常生活中生出的不协调和摩擦。如日本人常说"私と兄の間には軋轢がある"(我和哥哥有摩擦)。看看日本人一笔一画写"轢"字,也有一种快乐感。恶言中伤被日本人表示成"罵詈讒謗"(ばりざんぼう/barizanbou),看了这四个汉字,你是想骂人呢还是被这种气势击退?

3. 日本人是恋旧还是重情?

2017年上半年,日本前卫艺术家,当时87岁的草间弥生生涯最大个展"我永远的灵魂"在东京六本木的国立新美术馆举行。东京的山手线车厢内、主要大街的广告牌上,在个展开幕前都早早张贴了展览的海报。

海报上醒目的“草間彌生”四个大字中的“彌”字，引起了笔者的注意。为什么要用旧体的“彌”而不用表示日本历史上的“弥生时代”的“弥”？显然，拿“彌→弥/弥→彌”作视觉对比的话，更具张力更前卫的不是“弥”而应该是“彌”字。看来草间弥生也是玩弄汉字的高手。

当我们抱着简体与繁体的汉字感觉，走在新宿的街头，会发现“紀伊國屋”“英國屋”等商店名，用了旧体字的“國”而不用当用汉字里的“国”，表明店主在恋旧的同时，也想高扬一把历史感和高级感。这里，汉字“國”又成了营销的手段。你说奇妙不？再比如“螢”字。日本有一首类似我们的《友谊地久天长》经典歌曲，在明治时代表示为《螢の光》。这个“螢”字被1981年的常用汉字表收编的时候，参照“栄”“営”，简化成了“蛍”字。但现在的日本人在表示“ホタル”(hotaru)(萤火虫)的时候，还是喜欢用“螢”字。虽然日常生活中的“蛍光灯”不可更改地用了“蛍”字，但有两个“火”的“螢”，在黑暗中发光发亮，倒也是萤火虫形象的再现，故日本人喜欢。

“龍”在日本的常用汉字表里简化成了“竜”字，但“龍”字人气不衰，在人名和店名上更是如此。如作家村上龍、东京大学著名的法哲学教授長尾龍一。如坐落在东京都港区六本木的米其林三星店“龍吟”。还有“烏龍茶”。日本人没有舍“龍”取“竜”写成“烏竜茶”，这一方面固然显现出日本人对中国汉字的尊重，另一方面“龍”字本身也表现出图腾般的幻想感觉，令日本人喜欢。从这点看显然“龍”比“竜”更人文。虽然现在日语汉字词如“恐竜”“竜巻”“竜田揚げ”等多用“竜”字而不用“龍”字，但记忆里的“龍”字形象，难以消散。

同理，旧体字的“櫻”也深受日本女大学生的欢迎。比起略字“桜”，“櫻”更有一种淑女形象。1990年上映的电影《櫻の園》，也助推了这种优雅。横滨在现代日语中的写法是“横浜”,但之前写成“横濱”,令人想起战前横滨港的异国情调。所以在横浜的元町商业街,还经常能看到浪漫的“横濱”。“大坂”,大阪人嫌“土”字旁太土气,便改成现在的“大阪”。日本的电视台曾经做过调查发现,电视“哲学”讲座,如果将“哲学”写成“哲學”,报名的人数就会大大增加;大学招生,如果将“大学”写成“大學”,报名的人数也会增加。看来,笔画多,有的时候还真能撩拨人的复杂心绪。

东京都墨田区两国这个地方有座大相扑国技馆。相扑的最高级别是“横綱”(よこづな/yokozuna),在国技馆边上有一条叫“横網”的小路。很多人都以为这也读“よこづな”,但其实是读“よこあみ/yokoami”。再仔细看,一个“綱”字,一个“網”字,还是有差异的。显然,旧体字在使用时有一种“穿凿”万物之感,用来表示一些特殊的情感似乎是恰到好处。例如女演员大塚爱在2006年主演了电影《恋愛寫真》,电影名中的“愛”与“寫”都用了旧体字,感觉上就与《恋爱写真》不一样。从源头上来说,日本的旧体字主要是依据《康熙字典》。

“野村證券”(野村证券)是日本最大的证券公司。请注意这个“證”字是繁体,简体的“証”字一般用于“証券会社”。一个公司用不同的證/証,有些怪怪的,同时也凸显着对汉字文化的执着。“罐”字在日本用简体“缶”字,但日本有一家公司就叫“日本製罐”,不用“缶”而用“罐”。“慶應義塾大学”(庆应义塾大学)是日本著名的私立大学,校名里的“应”字应该用“応”还是用“應”,在大学里还有一番争论。最后还是倾向于“應”字,理由是“慶”字太重“応”字太轻,不协调,如果是“慶應”并列,就轻重一致了。日本皇太子妃就读过的女校“田園調布雙葉学園”(田园调布双叶学园),弃“双”选“雙”,显然是想表现什么象征什么。

"文藝春秋"(文艺春秋)是日本著名的出版社,虽然"艺"字在日本有新字体写成"芸",但老牌的出版社还是不弃"藝"字。

除了表现情感效果之外,日本人喜欢旧体字的写法也是一个原因。"才"用"戈"来表示的书写法,日本至今还能找到。如文化财写成"文化戝",奈良法隆寺里,就挂有"文化戝を大切に　らく書はやめましょう"(保护文物,请勿乱涂乱写)的警示语。还有将"財布"(钱包)写成"戝布"。小说里,"体"喜欢写成"躰","欲"喜欢写成"慾","座"喜欢写成"坐","奇跡"喜欢写成"奇蹟"的作家还真的不少。《朝日新闻》有段时间喜欢将"黙禱"写成"黙祷",将"冒瀆"写成"冒涜"。这种类推简化字遭到了读者的批评。《读卖新闻》将"渡辺"写成"渡邉",则赢得一片赞扬声。看来日本人还真恋旧。顺便提一句,在日本"辺"字至少有 65 种写法。

4. 桐桜欅/柿朴庭落葉

"行春や鳥啼魚の目は泪"(草草春将归,鸟啼鱼落泪)。

这是日本著名俳句家松尾芭蕉的著名俳句。令人注意的是芭蕉在这里用了"泪"字而不是"涙"字。芭蕉还用过"離別の泪"。芭蕉为什么喜用"泪"而不是"涙"? 原来,根据《角川新字源》里的规定,"泪"为别体,"涙"为正体,也就是说"泪"是异体字。井原西鹤以《好色一代男》为代表的 23 部作品里也都是用"泪"字。1816 年(文化十年)的《早引节用集》里,"なみだ"(namida)的对应汉字有"涙/泪/恋水"三种。

松尾芭蕉有一首完全用汉字罗列的俳句:"奈良七重七堂伽藍八重桜"。句中出现的都是沉甸甸的东西。"奈良七重"是历史之重,"七堂伽藍"是佛教之重,"八重桜"是文化之重。芭蕉用了 11 个汉字来表现,真可谓重上加重。芭蕉还有另一首名句:“古池や蛙飛び込む水の音”。古池、青蛙,水音,汉字思维组合的构图,将永恒与瞬间、动与静的想象空间很好地表现了出来。这正好与日本人的“もう時間です”的随意度相吻合。“もう/時間/です”,既是开始的时间,也是考试结束的终了时间。于是考生看手表,发出“あ、もう時間だ”的自语。这个自语,也正如京极夏彦在《铁鼠之栏》小说里念真言经的自语:“每日每日帰命不空光明遍照大印相摩尼宝珠蓮華焔光転大誓願。”

日本每年的汉字能力检定考试(汉检),应试者从5岁到94岁不等。考试要求掌握相当量汉字的音训读法和写法。仅这点而言就有相当大的难度。如前几年有道一级考题是看汉字标读音:檽/髫齔/黜陟。你看,难度大吧。我们中国人都很难保证能标上正确的中文读音。这三个词的日语读音分别是:れんじ/ちょうしん/ちゅっちょく(reji/tyousin/tyu-tyoku)。再如看读音写汉字:ウダツ/コハク/ツッケンドン(udatu/kohaku/tu-kendon)。答案分别是:梲/琥珀/突慳貪。当然汉检也少不了考查日本的和制汉字。如用作鸟名的“鶫”(ツグミ/tugomi)、表示职业的“錺”(カザリ/kazari)。有一题是“元旦にハラカの奏を執り行う”,要求将“ハラカ”写成汉字。答案是“鰚”。这里的难点有两个:一个是要知道有这么一个汉字,而且会写;一个是要知道这个礼仪的由来,这是平安时代的太宰府向朝廷呈献的一种鱼,朝廷再等到元旦这天献给天皇。也就是说,既要汉字知识丰富也要懂日本古代史才行。这样有难度的一级考试,及格者中不乏10岁到20岁的青少年,这足以表明日本人对汉字的兴趣与热情。

数学家加贺野井秀一说,他的工作单位写成英语的话是:

a department of science and engineering in Chuo University

如用汉字表示则是：

中央大学理工学部

简单吧，八个汉字。

其实，日语也是很繁琐的。如：

くわしいことは会ってから決めましょう。

如用汉字，只需四个字：委细面谈。

而日本报纸的广告更为简洁，将四字再省去二字，只留下：细面。

“春眠不觉晓”的五个汉字若用万叶假名汉字表示的话，是“春眠安可都吉乎不觉”。九个汉字。

当然，最令日本人头疼的是来自英语的“identity”一词。用片假名写成“アイデンティティ”（aidentiti）。但如何用汉字表示呢？候选写法有“自己確認/自己同一性/自己証明/独自性/主体性”等，甚至还有“身元/正体”这样的新造词，但没有一个是权威的，没有一个是被广泛接受的。善玩汉字的日本人，也遭遇了无法用汉字表达的尴尬与困惑。这是再恋旧再重情也无济于事的。这就如同泷井孝作的俳句《椿开》所要表达的“identity”：

桐桜欅/柿朴庭落葉。

想将柿树落叶、樱树落叶、银杏树落叶、桐树落叶、榉树落叶、朴树落叶，全数一叶尽收于自己的庭院里，这有可能吗？

5．汉字能力强就是滑稽的表现？

汉字能力强是文化殖民的一个结果？日本语言学家高岛俊男就持这一观点。他针对的是江户时期的史学家赖山阳用汉文（古汉语文言文）书写的纪传体《日本外史》，该书讲述了源平之乱到德川幕府后期的史事。赖山阳的汉文水准如何？我们来看卷五的一段总论：

“外史氏曰、余修将門之史至於平治承久之際、未曾不舍筆而嘆也。

嗚呼，世道之變，名實之不相讐，一至於此歟。古之所谓武臣者勤王云爾，如源氏平氏莫不皆然。

平治之後，乘綱维之弛以逞鴟梟之欲，有暴悍無忌者焉，有雄猜匪测者焉，雖所爲不同，而其蔑王憲，營私利一耳。”

完全是汉文。汉字水平高超。“世道之变”“莫不皆然”“营私利一耳”。非常得体。有明治知识人高度评价赖山阳的文章，说是“完全日本化的汉文”。清朝的中国学者也对此有高度评价。但高岛俊男在《汉字与日本人》一书中则批评道：这是赖山阳的滑稽，是文化殖民地根性的表现。高岛还说，与赖山阳对中国的卑躬屈膝相比，新井白石和本居宣长就硬朗得多。

汉文好就滑稽？就是文化殖民？这肯定是有失公允的看法。因为在日本人当中，汉文好的人太多了。如平安时代的《职员令 · 神祇官》条目对“镇魂”的汉字解释：

谓镇安也。人阳气曰魂，魂运也。言招离游之运魂，镇身体之中府。故曰镇魂。

你看，汉字表示得多精到。

泉镜花的《外科室》小说，有这样的汉文句子：

“其声，其呼吸，其姿，其呼吸，其姿。”

泉镜花的主要作品有：《義血侠血》《照葉狂言》《高野聖》《风流線》《春昼》《草迷宫》《歌行燈》《鴛鴦帳》《婦系図》《紅雪録》《日本橋》《薄紅梅》《雪柳》。他还是用“貴下”而不是用“貴方”称呼对方的首创者。他更是“一寸用事”的造词人。

太宰治的《人间失格》里谈到了语言游戏，用了“喜劇名詞”“悲劇名詞”“男性名詞”“女性名詞”“中性名詞”。他说“汽船”和“汽車”是“悲劇名詞”；“市電”和“公车”是“喜劇名詞”。

日本歌词里，排名第一位的是泪——涙（なみだ/namida）。组合出的“泪语”有：

涙雨/涙颜/涙月/涙花/涙泉/涙恋/涙声/涙瞳/涙夜/涙露/涙町/

涙的笑颜/涙的汽笛/涙的谷間/涙的夕陽

总之，唱不完的是：

涙涙涙/涙涙涙/涙涙涙/涙涙涙

日本酒广告的最妙一语：

今宵一献，心地醉。

圣德太子的“十七条宪法”第一条：

以和为贵。

奈良时代编撰的《日本书纪》开头句：

古天地未剖，阴阳不分，混沌如鸡子，溟涬而含牙——

佛教经典《阿弥陀经》经文：

尔时佛告长老舍利夫弗从是西方过十万亿佛土有世界名曰极乐——

1976年4月25日的《京都民报》，用“性温厚”“親和誠”“肉親等驚愕悲愴憤懣”“思想蘊蓄”“切齒憤激”等汉字词，对被警察拷问了106天而死的小学老师仓冈爱穗表示了深深的敬意。

日本随笔家根本浩写有《日本人想写的汉字》（角川文库，2013年）一书。里面说日本人最想写的汉字前20是：

壽/強靭/一瞥/末裔/凄惨/晚餐/信憑/羊羹/一縷/黙禱/怒涛/黎明/摩訶不思議/衹園精舎/冒瀆/凋落/辛辣/朦朧/矍鑠/躊躇

这样来看,如果照日本学者高岛俊男的汉字能力强就是滑稽的表现的话,全体日本人岂不都滑稽可笑?连带他自己的《汉字与日本人》这本书,岂不更滑稽可笑?

6. 表征日本世态的年度汉字

选用一个汉字来表现一年来的社会面貌和重大事件,在源头上说虽然不是日本的发明,但日本人的高参与度、长久持续性和模式化是做得最到家的。如果说文化传播需要一种力度,那么日本人也给予了令我们惊讶的一种力度。

日本汉字能力检定协会从1995年开始,每年在12月12日"汉字日"这天,举行推选"年度汉字"的活动。京都清水寺住持森清范会当众挥毫,把投票选出来的汉字,通过他的巨笔,龙飞凤舞地写在1.5米长、1.3米宽的纸面上。代表一年特征、世态变化的年度汉字,就会跃然纸上,再通过报纸图片和电视画面,把东洋思维和传统艺术,淋漓尽致地传遍世界。这是文化盛事。日本人把这一文化盛事称之为"岁末的社会风物诗"。

从1995年到2016年的22年间,共选出了如下22个汉字:

震、食、倒、毒、末、金、战、归、虎、灾、爱、命、伪、变、新、暑、绊、金、轮、税、安、金。

22个汉字一路写来,抽象地概括了日本社会22年中所发生的重大事件和世态变化。

如2005年的"爱"字,是对在爱知县举行的"爱·地球"世界博览会、乒乓球选手福原爱留学中国的总结。

2006 年选择“命”，一方面是因为皇室成员秋筱宫纪子王妃产下了天皇长孙悠仁，另一方面则由于学生在校受欺负后自杀以及虐待事件频发，两者都使人们深刻体会到只有一次的生命是多么沉重和宝贵。

2007 年的“伪”字，这年日本出现食品企业使用过期原料和虚假原料的问题，之后又出现了政治资金及养老金记录不全等问题。清水寺住持森清范书写完这个“伪”字大发感慨：“今年选出这个字，我觉得很可耻，悲愤难消。”时任日本首相的福田康夫则表示，自己更愿意选择同为“人”字旁的“信守承诺”的“信”字。

2011 年的“绊”，在日语中表示人与人之间无法切断的联系、纽带。这一年发生在东日本的 3.11 大地震和大海啸，夺去了 20 000 多人的生命。

2013 年是“輪”字，这年日本东京申办 2020 年奥运会（日语称为“五輪大会”）成功；富士山成功申遗；日本国家足球队顺利晋级 2014 年世界杯决赛圈。这些都是日本民众团结奋斗，凝聚成环共同努力的结果。

2016 年的“金”字，是继 2000 年和 2012 年之后第三次当选日本年度汉字，表明日本人也确实喜欢这个“金”字。这年的里约奥运会，日本获得了 21 枚金牌，创下历史纪录；东京都知事舛添要一私用政治资金辞职；以洗脑神曲《PPAP》风靡全球的日本滑稽表演者 PICO 太郎演唱神曲时穿了金色服装。

说到日本人喜欢金，还有一个有趣的话题。“二战”前的日本，铁道的“铁”都写成“鐵”。但战后不久颁布的“当用汉字”就将“鐵”字简化为“铁”。从原本的 21 画到 10 画，书写确实便利了，问题是简化后的“铁”字是金字旁加失去的“失”组成，铁字就暗含了“失金”之意。铁路公司和制铁公司的社长们很有抵触,心里不舒服,所以继续使用旧体字的“鐵”字。如使用至今的有“滋賀県信楽高原鐵道”、“静岡大井鐵道”、“栃木県真岡鐵道”等,还有日本最大的钢铁企业“新日本製鐵”等。甚至有日本人把右边的“失”改成了“矢”字,造了一个新字出来。从汉字的变迁也可管窥日本人有趣的一面。

7. 怎么会有三个“明治时代”?

运用汉字,中国人绝对是高手。

日本人惊叹中国人翻译的“三明治”这个词。“三”与“明治”有什么关系?这个“明治”与日本的“明治维新”有什么关系?当然日本人也知道中国人不会作这类思考。但怎么会取“三明治”这个名字呢。怎么会有三个“明治时代”呢?

日本人还惊叹中国人翻译的“巧克力/冰淇淋/马拉松/宠物小精灵”,认为太有感觉了,特别是“宠物小精灵”要比日译的“ポケモン”(bokemon)更有感觉。英语的“cool”,配上汉字“酷”,真叫天才,“酷日本”,日本人说没有比这更好的表述了。杰尼斯事务所的人气偶像团体“Sexy Zone”,片假名为“セクシーゾーン”,中国人将其翻译为“性感带”。日本人大叫太直率太坦真。

运用汉字,日本人也表现不俗。

日本人的创意是将“マジ”(maji)配上汉字“本気”,将“ヨロシク”(yorosiku)写成“夜露死苦”。“秋桜”叫“コスモス”(kosumosu),或者“コスモス”取汉字“秋桜”,这是怎么拍脑袋也想不明白的。“公孫樹”能与“いちょう”(ityou)(银杏)对上,莫非是大脑短路?最令人吃惊的是TWO-MIX的歌词“悲观的现实主义者”上的注音假名——“おとな”

(otona),意思是“大人”,这是一位日本中学二年级学生的主意。“因囚”这二字组合是一名日本女高中生发明的。她真想将自己的父母亲给围困起来,原因是他们整天叫她学习学习,她都厌烦死了。日本人将运动后的出汗叫“快汗”;出轨的快感叫“快姦”;看黄色录像带叫“视姦”;轻视老人叫“轻老日”;高级官僚对女性不礼貌叫“痴性振舞”。此外还有“美肌器/隆房術/健脑食”等新造词。

“大蒜”的日语读音为“にんにく”(ninniku)。于是有的超市里就写成“人肉有り”。何以是“人肉”?原来“人肉”与大蒜发同样的“にんにく”音。肉店里有店员将“すじ肉”写成“筋肉”,故意让人联想起人的“きんにく”(肌肉)。东京的神保町是日本最大的旧书店街。这条街创造的一个新词是“稀覯本”(きこうぼん/kikoubon),表稀少贵重之意。在有些鱼店,写有奇妙的价格牌:“生子/1つ　¥580-”。这个“生子”是什么意思?原来是一种叫做“ナマコ”(namako)(中文为“海参”)的动物。“ナマコ”在日语中正确的汉字表示是“海鼠”。把这个词写成“生子”,当然是一种调皮的幽默。日本的商家很喜欢做这样的改动,一方面是吸引顾客,一方面为图好运。理发店里的价目表上,时常有“輝男カット/4,410えん”的字样。这个“輝男”是谁?其实谁都不是,它是“キラメン”(kiramen)的汉字表示。日语中“キラキラ”(kirakira)表示“闪烁发光”之意,“輝男”意思就是“闪闪发光的男人”。属于东京都下町的户越银座商业街,有户越的名品“衣柿”,读音为“ころがき”(korogaki),是用黑黑的干柿做成。汉字一般写成“枯露柿”“転柿”。问题是“枯露”太“冷寂”,“転”(转)字又不吉利,所以商家用上了“衣”这个汉字。

日本百货店对一些物品的标示更能看出日本人灵活运用汉字方面的感觉其实是很棒的。

如：男女性用手袋/￥1 500

这里有趣的是“男女性用”，很容易让人联想起黄色用语，但这里倒是一点也不涉黄。它实际上是“男性用/女性用/男女兼用”的意思。这是近年来的常用语。它的来源是什么？日本学者饭间浩明这样分析：我们习惯上将“青年”“少年”合并成“青少年”，将“动物”“植物”合并成“动植物”，即将“AC/BC”表达成“ABC”，这是过去已有的造词结构。我们看到日语里有很多三个汉字的词语，如“給排水/出退勤/出入国/中高年/入退院/利活用/行財政/視聴覚/発送電/風水害/輸出入/祝祭日”等，所以“男女性”也是这种三字构造的结果。那么为什么在过去日本人很少用这样的说法？原因在于日语中称谓的变化。过去说“男女”就可以了，所以有“男用手袋/女用手袋/男女用手袋”，但现在必须要在男或女后面加个“性”字，才算是敬称，如“男性/女性”，那么男女统称的话就是“男女性”。

8. 小便何以是无用的？

打折、减价的日语是“割引”（waribiki）。但自从20世纪90年代日本航空公司推出“早割”“特割”服务价之后，也就开创了用“割”字来表示什么的先例。“早割”就是提早订票有打折的意思，“特割”就是特别减价的意思。之后，日本的三大手机公司推出了“学割”（学生打折）/“家族割”（家族成员打折）/“一人割”（独身一人打折）/“友達割”（介绍朋友打折）/“转换割”（调换电话公司打折）等新词，令人眼花缭乱。其他行业也不甘落后，理发店造出“初回割”（首次来店打折），旅馆业造出“地元割”（到自己家乡旅游打折），健身房造出“誰都割”（人人都打折）。

还有结婚叫“婚活”；转职活动叫“转活”；早晨上班前的学习叫“朝

活”;妊娠叫“妊活”;离婚叫“离活”;参加葬礼和寻访墓地等活动叫“终活”;大学生在校参加兴趣小组叫“部活”;就业找工作叫“就活”。据日本全国版新闻记事数据的调查表明,最早使用“就活”二字的是1995年5月27日的《产经新闻》。然后在2000年被《现代用语基础知识》(自由国民社)采用。最近还出现了“美活/寝活/温活”等新词。特别是近年独身在日本女性中流行,“独活”也就火了。日本语言学家说,不断增加“○活”,反应了不断变化的生活样态,是世俗的一个风向标。

2016年日本流行语Top20中有“民泊”一词,翻译成中文就是家庭旅馆。中国人也创造出“民宿”一词与之对应,因为如果再用“家庭旅馆”的表述就太老土了。这是汉字互动的好例子。

近年日本出现“待机儿童”一词,指无法入托的婴幼儿。有一位年轻的妈妈在网上发帖说“保育園落ちた日本死ぬ”(找不到保育园的日本去死)。帖子发出后非但没有遭到非议,反而引起社会的强烈共鸣,还入选“2016年日本流行语Top20”。

“不伦”是日本多年前出现的表示婚外恋的汉字词。日本女星贝琪(ベッキ)与乐团“极品下流少女”主唱川谷绘音搞婚外恋。从他们的“LINE”(类似中国的微信)聊天记录中产生了一个新词——文春。因为周刊杂志《文春》披露了他俩的关系,也证实了婚外恋的事实。于是“文春=不伦”的用法在日本走红,比如说“这位女优在搞‘文春’”,还出现了“文春恋”一词。

最近几年,日本的铁道爱好者也发明了很多新汉字词。如喜欢车辆的叫“车辆铁”;喜欢拍摄铁道的叫“撮铁”;喜欢发车音乐的叫“音铁”;喜欢铁道模型的叫“模型铁”;喜欢铁道旅行的叫“乘铁”;喜欢车站的叫

"站铁";全家都爱好铁道的叫"子铁与妈铁"等。

日本医学发达,脏器移植非常普遍。与此有关的新词也层出不穷,如"献体/献肾/献眼"。日本人喜欢喝啤酒,为了让肝脏多休息,造出"休肝日"一词。判定死亡不再仅仅依据"心脏死",于是"脑死"一词出现了。日语中"乳房"有"ちち"(titi)的说法。"ち"与血同源,与命的"いのち"(inoti)的"ち"也相关,表征着生命力。巨乳的女性上了年纪,难以抵挡重力,出现下垂的老态。日本又造出"垂乳根"一词,读音为"たらちね"(taratine),作为"上了年纪的母亲"的代名词。

以前在金泽兼六园附近的某户人家墙上立有木牌:

"立ち大小便を禁じます"

男人小便是站着的,但大便如何站立?特别是在行人很多的大街上,这更是无法想象。

东京浅草公园的公共厕所的小便处写着:"この所小便無用"。

在便所里不能小便?搞不懂。

也有可能是醉汉恶作剧的"杰作"。

9. 巷街道町的汉字——朱肉不要

闲逛日本的大街小巷,特别是闲逛日本大大小小形形色色的商业街,会发现汉字的很多新奇写法与用法。

如东京都丰岛区大塚的一家拉面店,将"由丸"的店名顽皮地表示为"由○",发音为"ヨシマル"(yosimaru)。牛肉快餐店"吉野家"到处都是,但仔细一看,这个"吉"的上面不是"士"而是"土",但这个字,日本的电脑,无论是PC机还是苹果机,一般打不出来。百元店里买图章的地方,写有"朱肉不要"的字样。何以"朱肉不要"呢?原来是卖一种自动出红印泥的图章。红印泥在日语里就是写成"朱肉"。可不要误认为是"朱门酒肉臭"的那个"朱肉"。百货店里高挂"感谢一念"的大字。感谢何以是"一念"而不是专念的呢？中国人看了可能会不明白日本人的这种表述。但在不明白的同时，也在努力体会日本人那种感谢的心情。旅行社的海报推介旅行者去日光旅游，写的是："JR 東武相互直通列車"。我们疑惑了："相互直通"是日语吗？超市里有"寒熟甘栗"的标识。何谓"寒熟"？又寒又熟？显然不是中文的表达。天津栗子被日本人萌萌地说成"楽笑栗"，是又乐又笑吗？鹿儿岛县出产一种"純粋黒豚"，我们只知道做人要做纯粹的人，没想到猪也要做纯粹的猪。是小题大做的搞笑？不是。这就是日本人的汉字思维。

日本大街上的松屋（以牛肉饭为主的快餐店），走进去，会看到大大的宣传海报，首先表明自己的快餐属于"無添加"，然后再表白如何的"無添加"："合成着色料不使用/合成保存料不使用/化学調味料不使用/人工甘味料不使用"。松屋是中国人开的快餐店吗？不是。既然不是，我们就不得不佩服日本人的汉字和汉文能力了。近年生意不错的中华快餐店"日高屋"又叫"熱烈中華食堂"，而且"熱烈"二字还带特地用红色标出。在池袋的车站看到大幅海报，文字是"合同企業説明会"，莫非日语有"契約書"的说法也有"合同书"的说法？原来，这里的"合同"是"联合"的意思，也就是说企业联合起来开说明会。日本的料理店，有时挂出这样的牌子："お下見大歓迎"。何谓"下见"？为什么还要大欢迎？原来日语中"下見"是"预先做、看什么"的意思。餐馆说"下見欢迎"，就是欢迎你先来看店再行预约。冬天的日本超市里有"厳寒厳選"的大字横幅，表明日本人很会运用汉字的音与义来表达自己的想法。鞋店里的广告："防水/防寒/防滑"，这"三防"与我们说得一模一样。在超市卖旅行拖箱的柜台，对新品种的介绍用了六个汉字："增/雅/量/轻/止/快"，可谓字字"入戏"。居酒屋门前的招牌上写着："串天各種/120 円"。何谓"串天"？其实就是我们说的"串烧"。那为什么要带"天"字呢？其实就是对"各種"的解释，形容种类太多，可以把天给串起来。日本市区政府纳税科有一张很醒目的海报是："自動車差押"。何谓"差押"？表示自动车性能很差？表示自动车用来押送犯人？都不是。是扣押你的自驾车充当税金的意思。谁叫你不纳税金或迟缓纳税的呢？游玩世界文化遗产白川乡，一间屋子的壁墙上写着"白川村消防团中部分团第四班"，中国游人好像置身于国内一般。

日本人将点心包装成"菓心遊楽"；他们也讲传统的"継往開来"；他们将车站出售的便当叫"驛弁"；他们用"美白以上/乳液未満"表白想要美容的心；他们用"侵入泥棒追放重点地区"表示这个地方小偷经常光顾，行人和住家要注意安全，当然这个"泥棒追放"很难理解；他们将"優"字美化成万人皆"悠"；他们诗意地起店名"一夜一夜""心花洞"；他们俳意地将点心起名为"反魂旦"。是汉语"反混蛋"的反哺吗？不好说。他们也直接说"新装開店""青椒肉絲""所要時間"；他们将养猪的杂志命名为"養豚界"；他们在东京站的站牌上，将"新幹線"书写两遍，将"新干线"书写一遍，第一遍的"新幹線"是写给日本人看的，第二遍的"新幹線"是写给使用繁体字的港澳台游客看的，第三遍的简体"新干线"是写给大陆人看的。

10. 女性杂志的汉字之王

日本有"物の理"的表述。这个"理"并不读"物理"的"り"，而是读"ことわり（kotowari）"。一个汉字读四个假名，要记住还真不容易。如

"礎"字读"いしずえ"(isizue);"幻"读作"まぼろし"(maborosi);"丼"读作"どんぶり"(donburi)等。当然日本还有一个汉字读五音的,如"志"(こころざし/kokorozasi)、"詔"(みことのり/mikotonori)、"政"(まつりごと/maturigoto)、"釉"(うわぐすり/uwakusuri)。日语也有"反掌"的说法,"掌を反す"。问题是连日本人都将这里的"掌"读成"てのひら"(tenahira),其实应该读"たなごころ"(tanagokoro)。可见,日本汉字的读法还真难。

日语中,三个人谈论一个问题叫"鼎談"。这个"鼎"自然来自中国古代用于仪式的三只脚器具,日本人将它拿过来用于表示三人谈,倒也是活用。日本女性杂志经常出现的汉字是"贅沢→ぜいたく→zeitaku/定番→ていばん→teiban/醍醐味→だいごみ→daigomi"。日本人很形象地誉其为"御三家"。身着名牌,去高级店吃高档饭菜,这叫"贅沢";不趋炎附会,谁都喜欢的那种安心叫"定番";竭尽"贅沢"了,也满足于"定番"了,也就叫"醍醐味"了,用中文的说法就是"妙趣横生"了。女性杂志使用汉字有一个特点,一般都是表外字,所以更显多彩。如"お洒落の醍醐味"中的"洒"字,就属于表外字,一般用假名"おしゃれ"(osyare)表示。但女性杂志比较喜欢用汉字表示,以彰显一种品位。"洒落"就是日本女性杂志的汉字之王,谁也撼动不了。

而"可憐→かれん→karen/清楚→せいそ→seiso/華奢→きゃしゃ→kyasya"这三大汉字词语,则是对现代日本女性美的赞美,女性杂志自不用说,就是一般的女性小说里,这三大词语的使用频度也很高。问题是"憐/楚/奢"都属于表外字。按照规定,报纸一般就用假名表示了,但女性杂志和女性小说,为了更好地表现女性美,自然不会循规蹈矩。如椎名高志的漫画作品名就是"絶対可憐チルドレン"(《楚楚可怜超能少女组》)。作品中的明石薰、野上葵、三宫紫穗这三位少女就是“可憐な少女”(可爱的少女)形象。还有日本较早就有的“清楚系女子”一词,也深得男人们的心仪。同样的“清楚系”三个汉字,最近又和“ビッチ”(Bitch)组合,产生了新词“清楚系ビッチ”,也引起了日本女网友们的热烈回响。她们说没想到“清楚系”可以和“ビッチ”搭配。女孩子们不是发自内心想这么做,而是为了讨好他人,在乎男人的眼光,才假装自己是“清楚系”女子。这个词相当于汉语的“绿茶婊”。

11. “喂”与“もしもし”的思虑

日本的汉字,仔细品味起来还是很有意思的。如“階梯”这个词,在日本有入门书的意思,如“代数階梯/経済学階梯”等。这在“二战”前经常使用,现在基本不用了,但学者中沢新一有一本书叫“虹の階梯”,在1981年出版后不断重版,非常受欢迎。从书名看似乎是气象学或光学的入门书,但实际上与气象和光学没有一点关系。这是一本佛教派别中的密教入门书。这本书后来成了奥姆真理教最重要的理论书,信徒们都读这本书,讲述如何从现世到开悟的世界。这本书就像架设起来的一座虹桥一样,书名应该是这个意思。对此,日本语言杂家吴智英说,应该是“虹の橋”写成了“虹の階梯”,作者自己都不明白语言的意思而乱用,是否也是导致奥姆真理教随意杀人的一个原因?(参阅《语言的煎药》双叶社,2010年。)

日本没有“白夜”现象,但也在使用这个汉字词。如森繁久弥作词作曲的《知床旅情》中,就有“山冈上眺望远方/看见了白夜快消散”句子。知床位于北纬44度,与欧洲的亚得里亚海属于同一纬度。这个纬度是不会有白夜现象发生的,从这一视点来看,“白夜”应当属于外来语。是从

哪里来的呢？其实是俄语的直译。陀斯妥耶夫斯基著有小说《白夜》，由明治时期翻译家直译成汉字词。那么“白夜”怎么念呢，读“はくや”(hakuya)还是“びゃくや”(hyakuya)？日本人读后者的多，但正确的读法是前者。因为原则上汉字除佛教用语之外，都是读汉音的，而“びゃくや”是吴音。不同的念法有时候表示不同的含义，如同样是“白衣”的汉字，读成汉音“はくい”(hakui)，是指医院护士穿着的白衣；读成吴音“びゃくや”，是指僧侣们穿着的内衣。但情况有时候也很复杂。日本高中生的国语考试，经常考一道题目就是将“絢爛豪華”标上读音。写成“じゅんらんごうか”(syunrangouka)算错，写成“けんらんごうか”(kenrangouka)就是对的，尽管“絢”的吴音是“じゅん”(syun)，但这个词里应该读“けん”(ken)。

中国人打电话的呼叫语是“喂”，只有一个字。日本人打电话的呼叫语是“もしもし”(mosimosi)，四个音节。“もしもし”是“申す申す”的转换形，是稍稍说几句的意思。问题是为什么要用重叠词？柳田国男在《妖怪谈义》中谈论日本各地的风习说，黄昏时听到“もし”(mosi)招呼声的话，千万不能回答。因为这是妖怪在招呼。如果是妖怪会说“もし”，那么自称不是妖怪的人，就必须重复一下说“もしもし”。妖怪具有超能力，这是人所不能及的，但是人能自由地驱使自己的语言，也是自信的表现。再看日本的民间传说和神话故事，如《古事记》《日本书纪》中就写过“一言主”的神。这个神的最大特点就是无论善事恶事只说一句话。现在奈良县葛城山中有一言主神社，祭祀着一言主神。这家神社在介绍录里写着用“一言祈愿”的事项。但关键是真的仅仅“一言”就可行吗？“東大合格”“病気全快”等是日本人新年时祈福的最大心愿。但绝不是所谓的“一言”。

“懐中電灯”是手电筒的意思。何以是“懐中”？理由不清楚。日语还有“懐中時計”，中文是“怀表”。日语还有“懐中汁粉”的说法，是指将粉末放入碗里，倒上开水，搅拌成糨糊状，马上就能食用。

日语有“難易度”一词，经常用于各种考试。这个“難易度”一般接“上がっている”，如“今年は地方国立大学の入試の難易度が上がっている”（今年的地方国立大学考试的难易度上升了）。这里说难易度上升了，是难度上升了，还是易度上升了？并不明确。但一般理解为难度上升了。

12. 值 630 万日元天价的文字处理机诞生了

日本人为常用汉字立表最初是在 1923 年。前面已有提及，这里再作一个便于记忆的统计：

1923 年常用汉字为 1 962 字。

1942 年标准汉字为 2 528 字。

1946 年当用汉字为 1 850 字。

1981 年当用汉字为 1 945 字。

2010 年当用汉字为 2 136 字。

统计一下日本平安时期的汉字词语：《竹取物语》（平安初期）有 90 个词；《枕草子》（平安中期）有 720 词；《今昔物语》（平安末期）有 1 498 词。这表明了当时汉语传播的力度。

日本国立国语研究所室长宫岛达夫，曾经发表过一份有趣的研究报告，题目为《从芥川奖获奖作品看汉字的将来》。报告对《文艺春秋》上发表的作品做了调查。从第一回获奖者石川达三的小说《苍氓》到第九十四回获奖者米谷文子的小说《过越之祭》中，取出一千字的段落来比较汉字字数的变化，并以 5 年为一个单位。结果是：

1935—1940 年是 340 个汉字。

1941—1945 年也是 340 个汉字。

1946—1950 年是 345 个汉字。

1951—1955 年是 318 个汉字。

1956—1960 年是 266 个汉字。

1961—1965 年是 263 个汉字。

1966—1970 年是 285 个汉字。

1966—1970 年是 281 个汉字。

1971—1975 年是 270 个汉字。

1976—1980 年是 275 个汉字。

可以看到，汉字使用最少的年份是 1961—1965 年。这是为什么？宫岛的解释是 1950 年的当用汉字是 1 850 字，1976 年的当用汉字是 1 945 字，日本保守化的言语政策使得汉字在作家笔下仍然是"修养"和"学识"的象征。

1978 年，是日本汉字史上必须要记住的一个年份。这年的 9 月，日本诞生了第一台文字处理机（日语叫ワープロ/wa-puro）：东芝 JW－10 型号。机器重 220 公斤，大小如小型电子钢琴，当时的价格是 630 万日元。现在看来真是天价了。虽然该文字处理机只能打出 1 850 个汉字，但这在当时已经是相当卓越的表现了。东芝之后，富士通、日立、NEC 等厂商也相继开发相关产品。1980 年前后，各社开始独自开发。五年后，这一带来打字革命的文字处理机开始进入千家万户。结果，认为打字机不能打出汉字的汉字废除论者逐渐偃旗息鼓，汉字热在日本兴起。到 1985 年，只要 30 万日元就可以买到一台打字机。

从ワープロ打字到电脑打字,并没有经过几年的时间,但汉字的处理能力提升惊人,达到了6 500字左右。这个数字是日本"常用汉字"的3倍,是ワープロ包含字数的3.5倍。即便如此,还是有很多汉字打不出来。如中国六朝时代的"竹林七贤"之一嵇康的"嵇"字,用日语电脑就打出不来,这让研究六朝文学的日本研究家很是苦恼。再如以"色即是空,空即是色"著名的《般若心经》,虽然只有区区270个汉字,但用电脑打字,就有两个字打不出来。

日本第一台文字处理机的诞生,对日本汉字的稳定起到了相当重要的作用。笔画再多的汉字,打字都很容易。如"鬱"(うつ/utu)这个字,如果没有打字机,有多少人能写对?在日本患"鬱病"(忧郁症)的人又特别多,这就苦了精神科的医生,他们也只能用假名来表示病名。再如"顰蹙"(ひんしゅく/hinsyuku)这个词,中文表"皱眉头"之意,但日本人将其与"买"搭配一起,变成"顰蹙を買う"(讨人嫌)。这是个使用频率很高的短语,手写的话非常麻烦。这样看来是文字处理机和电脑拯救了汉字。不会写的汉字,只要会读,电脑就会帮你打出来,汉字书写障碍已不复存在。电脑不灭汉字不灭。

但打字机也有打字机的问题,弄不好会出笑话。如"单身赴任"能打成"单身不妊"(因为日语读音都一样)。一个人单身在外工作,当然是不会妊娠(怀孕)的了。再如日本的五官科叫"耳鼻咽喉科",但打字不慎会跳出"耳鼻淫行科",原因也在于读音相同。

13. 阅读=理解/书写=表现的交错共存

海海海海海。

这是日本的"五海字"。这个"五海字"的创意在于其发音正好是日

本假名五十音图的“あいうえお”：第一个海读作“海女（あま/ama）”里的“あ”；第二个海读作“海豚（いるか/iruka）”里的“い”；第三个海读作“海胆（うに/uni）”里的“う”；第四个海读作“海老（えび/ebi）”里的“え”；第五个海读作“海髪（おごのり/ogonori）”里的“お”。这是日本式的文字游戏。

日本人也用汉字表示亿以上的计数单位——

億→兆→京→垓→秄→穣。

日本人也用汉字表小数点以下的单位——

割→分→厘→毛→絲→忽。

日本人汉字汉文的创意，有时也很幽默地表现在“盗作”（剽窃）上。对谁的作品进行“盗作”呢？对夏目漱石的作品进行“盗作”。他的名作《吾辈是猫》诞生之后，一些写手们也模仿这个书名，生造出许多新词。如：

《吾辈是蚕》（中谷桑实/1908年）

《吾辈是马》（竹中武吉/1913年）

《我辈是猿》（松浦政泰/1916年）

《我辈是鼠》（与宝六/1923年）

《我辈是犬》（林房雄/1953年）

《吾辈水泡眼》（大响房次郎/1971年）

《我辈是导盲犬》（小林晃/1987年）

《吾辈是龟》（冬目隆石/1995年）

原封不动照抄的有：

《我辈也是猫》（小室白也/1908年）

《我辈也是猫》（高田保/1952年）

《吾辈不是猫》(江户家猫八/1983 年)

《吾辈也是猫》(赤塚不二夫/1997 年)

《吾辈也是猫》(才园哲人译/2000 年)

日本人发挥想象力,跟在“吾辈”后边的名词并不限于动物名,“吾辈”还是“孔子/居侯/胶片/学生/水/人间/电气/瓦斯/灵/钱/电子/结核菌/毒鸡蛋/艾滋病毒/”等,五花八门,什么都有。

日本人的语言创意还在于:“偶像”的注音可以是“アイドル”,而“アイドル”的西文是“idol”;“合図”的注音可以是“サイン”,而“サイン”的西文是“sign”;“瞬間”的注音可以是“とき”(toki);“運命”的注音可以是“さだめ”(sadame);“あるがまま”的注音可以是“let it be”。有的时候汉字并不能表现全部,避免用汉字表述叫“避开汉字”。如,梅雨季里开的一种花,日语用假名写作“あじさい”(ajisai),对应的汉字是“紫陽花”三个字,汉字感觉非常美丽,但日本人还是喜欢用假名表示。一个理由是汉字表示限定了紫色,而假名的あじさい则使人联想到紫色之外的粉红色和蓝色,也就是说,还有一种思考的可能性存在。再如“憎い”这个词,是可恨可恶的意思,但也有“漂亮,令人佩服”的意思。所以日本人在写这个词的时候,一般避开汉字的“憎いね”而用片假名的“ニクイね”。

我们知道《万叶集》是日语异体字的宝库——收录诗歌 4 500 首,汉字量为 14 万字。其中有一个“智”字,引起了一番争论。因为有这么一首歌:

狭尾牡鹿乃　智别尔可毛秋芽子乃　散過鶏類　盛可毛行流

日本的中小学生为了学习国语,为了应付考试,都要细细研读《万叶集》。其中就有不少学生对这个字发出疑问,问是什么意思。后来《万叶集》的研究者再三考证,确定这是当时人的误写。是什么字的误写呢?是“胸”的误写。这里应该是“胸别”(むねわけ)。为什么会发生误写的呢?理由之一是14万字都要手写,难免写错。

“最大级”。用得很顺手。

这是垃圾箱旁的警示语。日本人也在捕捉中文的语感。你看，空罐儿。这个“儿”字用得很人性。但是在正规的告示什么的场合，这个“儿”是轻率的。看来，中文对日本人来说还是太难了。

"所要时间"的"所要"。中文难点之一的词语日本人也用得很熟练。

埼京線（りんかい線）
所要時間案内
Saikyō Line (Rinkai Line) Time Guide

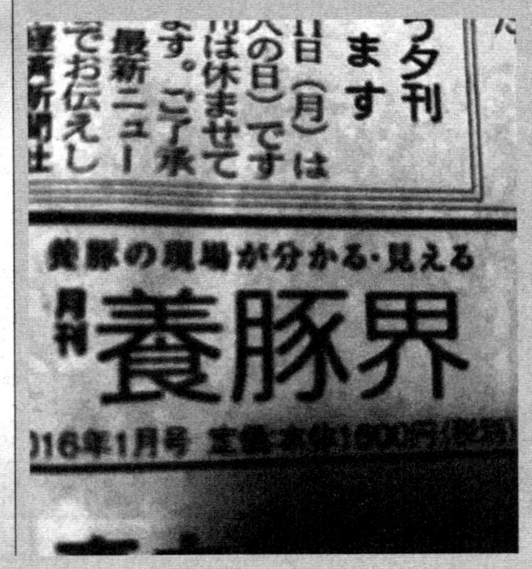

在日本有《养猪界》的杂志，而且还是月刊。这也是我们汉字本家所不习惯的。

超肉食系

将丰满性感的女性表现为"超肉食系"，是日本宅男们的一大新语发明。头号目标当然是指向AKB48前成员的前田敦子等人啦。

艳肌。艳丽的肌肤。肌肤何以是艳丽的？在我们这里恐怕是语病吧。但日本的药妆店，则打出耀眼的两个大字。确实，语言的生命力在于创新。

お下見大歓迎

PASELA RESORTS

何为下见大欢迎？如，订饭店之前，先去饭点看看，这在日语里就叫“下见”。不要误认为是“下贱”的意思。

“募集”是中国汉语，“月极”是和式汉语。此处还有片假名、罗马字、象形文。小小的方块内，文字信息量大。

"快老生活"。快活的老人生活叫快老？日本人很喜欢将文字缩减成二字语。

日本人也很善用汉语中的字意连带感。既然有严寒，那为什么不能有严选？严选还表明我们对食品的把关度。

学割ってる？

家族割

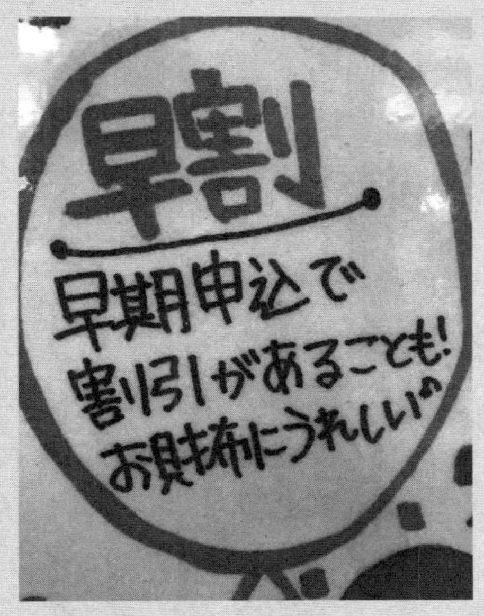

早割/学割/家族割/买替割/集中割，表明的是打折的意思。早点买早打折叫早割；学生买东西的打折叫学割；家族一起申请的打折叫家族割；以旧换新的买东西叫买替割；集中买几种商品的叫集中割。这也是日语特有的表记方法。

iPhoneケース買い替え割

“手顷”的旅游。手顷这个用法在汉语里是没有的。在日语里表示正好、适合之意。

鞋子的“三防”：防水/防寒/防滑。是专为中国游客定制的？不是的。日语也是这样说。

还有一种叫素肌感的。谁体验过？

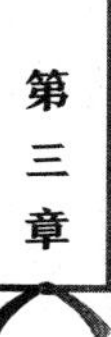

正确地喝下一碗味噌汤：『食、吸、啜、饮』中的层次感

1. 科长请客吃“夕飯”（晚饭）

晚饭在日语里有多种说法——夕食/夕飯/晩御飯/デイナー（deina-）

有一天，公司科长对员工说：

“今天加班后一起吃‘夕飯’（ユーメシ/yu-meshi）”。

员工A说：“谢谢科长。但今晚我妻子已经在准备‘晩御飯’（ばんごはん）了。”

员工B说：“科长，今天就算了。过几天我们去吃王子酒店的‘デイナー’。”

科长说：“好。今晚就不吃‘夕食’了。”

这里，科长对员工说“夕飯”，表明上下关系，科长是上，员工是下；员工A对科长不能说妻子已经准备“夕飯”，要尊敬地说“晚御飯”；而员工B说的“デイナー”，是要喝葡萄酒的西式餐食；科长最后说“夕食”而不说“夕飯”，是本想去日本料理的高级料亭的。

你看，请客吃顿晚饭，生出这么多说法。这些就是长年累月的磨炼而形成的一种“心机”的表现。再如同样是“解約”，在用法上也有微妙的区别。比如以下对话：

“先生、明日の夕食ですが、解約させてください。”

“解約……ああ、キャンセルですね。”

这个对话表明，取消晚餐的用语必须用外来语“キャンセル”(kyanseru)而不是汉字词“解約”。“解約”一般用于银行账号的取消、租房合同的取消等，而诸如机票的取消、约会的取消等一般用“キャンセル”。

再比如“やさしい”(yasashii)这个词，可以写成“易しい”与“優しい”，但意思有很大不同。有一本书名叫《やさしい日本語》(岩波书店，2016年)，这本书是应该用“優しい”还是用“易しい”？作者在后记中说，二者都有。这正如歌手北岛三郎的代表作《函馆之女》，这个“女”字的发音是“ヒト”(hito)而不是“おんな”(onna)。还有如日本人常说的“うるさい”(urusai)(吵闹/烦人)，其打头汉字可以写成“煩い”。中世的日本，贵族们把“うるさい”写成“右流左死”，暗指被贬的菅原道真怨灵作祟。明治作家坪内逍遥因嫌夏天的蚊蝇烦人，便写成“五月蝇い”。现在的日本年轻人则把它写成“八月蝉い”，指向了季节感的蝉声禅心。日本语学家说“八月蝉い”一词被字典收编的可能性很大。

2．食・吸・啜・飲与味噌汁

“味噌汁”和动词搭配？日本不同的地方搭配的动词也不同。

一共有四个表示食用的动词：食べる/吸う/啜る/飲む。

打头的汉字就是：食・吸・啜・飲。

味噌汁を○○？用什么汉字表示为好？日本全国调查的结果是：

味噌汁を食べる——山口县、香川县、爱媛县与和歌山县的一部分。

味噌汁を吸う——东北的秋田县、山形县，关西的三重县、滋贺县，九州的佐贺县、熊本县、大分县等，此外还有千叶县、石川县、高知县。

味噌汁を啜る——青森的八户，茨城县，埼玉县，滋賀县的一部分。

味噌汁を飲む——日本全国使用。

同样是液体食物，送入口中的动作有微妙的不同，语言的表现也就有所不同。日本人的细微之处可见一斑。因为味噌汁是家常食物，各地放的佐料也不同，所以说法也不同。但是日本严格限定“啜る”的使用范围，这是因为“啜”要发出声音，影响周围用餐的人，故日本人不说“スープを啜る”，而用“食べる”或“飲む”。

再来看看日本人写信、写贺年卡的称谓：

様、殿、先生、御中、気付

这些汉字究竟如何使用？在日本很有讲究。

“様”是一般的用法。不问男女、尊卑，属于使用广泛的敬称。

“殿”主要用于男性中的同事和地位比自己低的人。原本“殿”属于敬意很高的汉字，但随着室町时代“様”的登场，“殿”的尊敬程度有所下降。所以不加思量乱用“殿”的话，有时会造成失礼。但是在政府部门和公司的文书里，“殿”的使用还是很广泛的，这是明治以来的惯例。为了明确区分公与私，在机关名和职位名后面必须带上“殿”，如“教育委員

会 殿”。东京入境管理局发放的“在留期间更新许可申请书”表格上，开头就有“入国管理局 殿”字样。

但如果是对自己的恩师，用“○○様”好呢，还是用“○○先生”好？

从尊敬度来看，“先生”与“様”属于同等的敬称，可用于教师、医生、各类师傅等，所以“○○先生”的表述是适当的。但是，2005 年日本文化厅的一个调查表明，70%的人认为在“先生”称呼的后面也可接“様”。这表明在越来越多的日本人看来“先生”仅仅是个职业称呼而不是敬称。所以应该在“先生”的后面再加上“様”，如“○○先生 様”。

“御中”用于公司或团体名的后面，表明不是寄给特定的人，而是这家公司或团体中的任何人都可以阅读，如“朝日新聞社 御中”等。

“気付”是和制汉语，意思相当于英语的“care of(c/o)”，用例如“○○旅館気付 □□ 様”。这是由○○旅館转交给□□様的意思。

3. 御蔭様——为什么要托您的福？

再看看“不具合”这三个汉字词，日本人的用法也是很有趣的。

日本人常说：“电脑发生了‘不具合’(不稳定/不顺畅)现象。”江户时代的辞书《词叶新雅》就有“フグアイナ”(huguaina)的词条，表明这个词很早就有了。据最近的调查，日本产业界最早使用“不具合”这个词是在昭和二十年代中期的飞机维修现场。之后用于公交电车和家用车，再之后电脑业也开始广泛使用这个词。日本三大报社(读卖新闻、朝日新闻和日本经济新闻)调查了 1985 年到 2001 年“不具合”一词的使用频度。使用频度开始显著增加是在 1994 年，增加倾向更为明显的是 1999 年。1994 年，日本制定了“制造物责任法”(PL 法)，该法规定如果是因产品缺陷而造成事故，要追究制造方和企业方的责任。面对这一责任非常明确的法规，制造方和企业方开始频繁使用“不具合”这个词。1999年因电脑转换程序上的“2000年问题”，大批电脑经常出现意想不到的使用上的故障，“不具合”这个词成了当时电脑行业的口头禅。2001年，日本汽车厂商隐瞒刹车问题，商品住宅缺陷问题被曝光，“不具合”在社会上的使用频度就更高了。不用含义清晰的“欠陥（缺陷）”一词而选用意思含糊的“不具合”一词，有故意隐瞒故障、逃避责任的嫌疑。

更有意思的是“御蔭様→おかげさまで”（okagesamade）。

日本人在表示感谢的时候必须使用的一句客套话就是“おかげさまで”（托您的福）。如果问：你最近如何？对方回答一般就是“おかげさまで”。为什么是托他人的福呢？他人为自己做了什么？并不明确。“おかげさまで”若用汉字表示的话就是“御蔭様”。为什么是“蔭”呢？原来，“蔭”（阴）的另一面是光，阴与光是一个整体，那么光的另一面就是阴，是被光守护着的阴。这个思考方式就是平安时代的“借助神佛加护”。所以，带有敬意的“御”加上“かげ”，就造出了新词。这个词包含了“神様のお助け”的感恩的意思。再之后，发展到不仅是对神佛本身表示感谢，对一般人的受恩与施恩行为，也有了同样的表示感谢的心情。到了江户时代，“おかげさま”就定格了。

有意思的是在2006年2月，NHK电视台对20岁以上的人群做了一个调查。问：对没有直接关照过自己的人说“おかげさまで”，有何想法？83%的人回答“没有问题”，但是有不少20多岁的年轻人回答“有问题”，认为对没有直接给过自己关照的人说这句话总感觉怪怪的。当然现在这句话成了日本人的口头禅。

与“御蔭様で”（おかげさまで）相对应的是“失礼します”。这个“失礼”并不是真的“无礼”和“失礼”，也不是真的道歉，只是一种谦虚的

说法。电视节目最后结束时,主持人总会说上一句“失礼します”。在职场,有谁提早离开公司也一定要说“お先に失礼します”。一个“御蔭様”,一个“失礼”,日本人用汉字将自己的思考方式还原成了一种感恩报恩的行为模式。

穿在鞋里的袜子,为什么叫“靴下”?这也困惑了不少人。

袜子日语叫“くつした”(kutushita),汉字表示为“靴下”。穿在鞋里的袜子,为什么要带个“下”字?人的身体的确是从腰部开始分上半身与下半身的。西服在日语中的另一种表述“上下一揃”,也是这个意思。确实,“下”表示低位,但还有被包裹起来或物体的内侧的意思。如贴近肌肤内侧的叫“下”,朝向外侧的叫“上”。日语有“下着”一词,就是“内衣”的意思。表明不分上半身和下半身,只要是贴近肌肤的服饰就叫“下着”。同理,“靴下”也是表示鞋的内侧最贴近肌肤的部分。日语里还有“上着”一词,表示外套。日本的和服也分紧缩外侧的“上带”和紧缩内侧的“下带”。

在古代万叶时代的日本,有一种用布料缝起来的覆盖从脚尖到脚部的“下沓”(したぐつ/shitagutu)。之后又出现了用布或皮缝成的分开脚趾的“足袋”。现在日本人穿的有伸缩性的“靴下”,则是江户初期从葡萄牙传入的“进口货”。据记载,日本最早穿“靴下”的是水户黄门德川光圀。1959 年在他的个人藏品中,发现了与现在形状相同的“靴下”,当初叫“メリヤス足袋”。这个“メリヤス”表示棉或毛的编织物,词源是葡萄牙语的“meias”和西班牙语的“medias”。很有可能江户时代的“靴下”就叫“メリヤス”。

还有“留守”这个汉字词,到底是在还是不在?

“留守”这个词,现在日语中表示“不在家”“出门”的意思。日本的

NTT电信公司在1977年推出固定电话“留守”录音：

“ただいま留守にしております。ピーという発振音が鳴りましたらお名前と御用件をお話し下さい。”

中文大意：现在正好外出。听到“哔”声后，请留言告知姓名和事由。

“留守”这个汉字词来自中国，皇帝不在京城的时候，代替执政的人叫“留守”。再如战争期间的“留守部队”、出国潮中的“留守女士”，字面也是“留下来守卫”的意思。日本奈良时代的《续日本书纪》里，也有“朝臣藤原仲麻吕为平城留守”的句子，表明那个时候的“留守”用法与中国相同。但到了镰仓时代，“留守”就有了现在的用法，表示“不在家，外出”等。进入江户时代，出现了“被他事烦扰了心情，难以平静”的用法，如“手もとがお留守になる”就是一例。值得注意的是在“留守”前面带上一个假名“お”，表达的意思有所变化。日语里也有“不在”这个词。如快递上门送货遇到家里没有人的时候，会在邮箱里放一张“不在票”。这个“不在”显然是指不在家或不在这个场所的意思。

4. 忘年会还是年忘会?

在日语里，“天気”主要是指“晴天还是雨天”等等，“天候”则包括气温、湿度、风向等在内；“一時”表示6小时以内，“時々”表示8小时以内；“元日”指新年第一天，也就是1月1日，“元旦”则是指1月1日的早上；与“客間”相比，“応接間”给人以洋气的感觉，而“応接室”则让人联想到公司里人为隔出来的小小空间。

桌子在日语中叫“机”(つくえ/tukue)，使用范围较为广泛。片假名的“デスク”(desuku)则是指企业里办公用的桌子，学校和家庭一般不使

用“デスク”这个词。“貯金”是存款之意，但在日本一般表示往邮局存款，所以有“郵便貯金”一词，中文是“邮政储蓄”；同样是存款之意的“預金”，则基本是表示往银行里存款，如“銀行から預金を引き出す”（从银行提取存款）。

再如“時刻”，是指时间的一点，瞬间的一点。如车站的电车时刻表日本人叫“時刻表”。“時間”则是指时刻与时刻之间的“间”。日本人常说“もう時間です”，这里的时间就是观念上的间。因为现在是下午三点，现在是晚上八点。为什么是三点而不是五点？为什么是八点而不是六点？这还是用先验的观念设定的缘故。日本人将其称之为“时间”。

“艶”，日语读作“つや”（tuya），指人的肌肤、头发、水果、家具等柔和之物的影像。而日语有“光沢”二个汉字，则是指金属类、宝石、陶瓷器、玻璃器皿等坚硬之物表面的反射之光。此外，由于有柔和之感，“艶”字又生出了风流韵事的含义，如“声に艶がある”（带媚气的声音），“芸に艶が出る”（带情事的艺术）等，而“光沢”没有类似含义与用法。

“転居/転宅”让人联想起个人居家的搬迁，“移転”则多用于公司和事务所搬迁。“啞然/呆然”状态相似，但前者更具瞬间性，后者具有持续性。“安心/安堵”，前者指从最初就具有的状态，而且这个状态可以持续，后者则是在所担心之事消失时用。“住宅/住居”，同样是指建筑物，但后者指较为集中的生活场所，带有中文的“住宅小区”之意。“永久/永遠”几乎是同一意义，但“永遠”有超越时间的感觉，常用于赞美的场合。不能用“永遠”二字代替的有“永久歯”“永久磁石”“永久追放”等，可以看出“永久”是沿着时间之轴来思考来定位事物的。此外，日语汉字里还有“素裸”和“真裸”的说法，前者有最后一件内衣也被脱下的非连续性到达之意。相对“素裸”，“真裸”是诸如浴巾慢慢错位最终袒露的一种连续性接近。

日本年末最走红的“忘年会”这个汉字组合,出现在明治时代。那时领到奖金的新政府官僚在年末要热闹一番,便举行宴会。那个时候的文献记录里已经有“忘年会”三个汉字了。动词在前的“忘年”这个语序显然是中文的。如中文有“忘年交/忘年友”等的说法。日语的语序应该是“年忘会”,名词在前动词在后。这样来看“忘年会”是日语汉字用法的一个特例。表明这个“年”与时间及年龄无关,而仅仅是聚会喧闹,送走疲劳的一种形式而已。

5. 造词中的“越来越……”要素

日本汉字词汇中有“爱欲/情欲/色欲”的表示。

从语意上说并没有太大的差异。但越往后,程度越深,有“越来越……”的感觉。

爱欲→情欲→色欲。人“欲”就是一个不断升级的过程。如果再添加性欲→淫欲→肉欲→兽欲的话,“越来越……”的思考倾向就更明显了。虽然后面的一个汉字都是“欲”,但前缀的汉字形象则有不同——爱→情→色→性→淫→肉→兽。有越来越恶,越来越坏的感觉。

再如:仕返し→返報→報復→復讐。感觉越来越重,程度越来越深。笔画越来越多,当然也就越来越繁杂。

再如日本中学生考试时经常出现的一道国语试题:

① 喧喧囂囂——けんけんごうごう/kenkengougou

② 喧喧諤諤——けんけんがくがく/kenkengakugaku

③ 侃侃諤諤——かんかんがくがく/kankangakugaku

④ 侃侃囂囂——かんかんごうごう/kankangougou

这①—④,何为真熟语？何为假熟语？标准答案则是：①为喧闹之意;③为侃侃而谈之意;②为①的混合语;④为③的混合语。也就是说,①与③是正确的。这道考题,就是测试考生造词时的“越来越……”的要素。

以前宫中女官们所使用的“女房词”,从一开始的隐语到现在公开使用,也是心路历程的慢慢显现。如“からだ”(karada)与“身体”,“わな”(wana)与“陥穽”,“しぶき”(shibuki)与“飛沫”,“昼寝”与“午睡”,“誤り”与“誤謬”,“もろい”(moroi)与“脆弱”,“隔たり”与“懸隔”。如果比较的话,显然前者的和语词要比后者的汉语词来得柔软和贴心。在感觉上,后者带有坚硬的回响声。

“小便/小水/小用”。日本人异想天开地说“小用に立つ”。这就是日语造词的有趣之处了。在造词时,和语词一般在词头添加“お”,变成美化语,如“お塩/お砂糖/お酒/お机”等。汉语词在词头加“御(ご)”,如“ご結婚/ご入場/ご観覧”等。有时也有例外。日本人习惯说“お紅茶”而不说“ご紅茶”。外来语一般不加“お”或“ご”,但也有例外。如日本人有说“おビール”的。显然,这些都是“越来越……”的要素在起作用。

6. 汉字何以成了套语?

在日本人的结婚仪式上,司仪总是会说“若辈者”“御協力”“御指導”“御鞭撻”“御盛荣”“御健勝”等套话。民俗学家柳田国男有一次回忆说：上小学的时候,作为套路,晴天的语言是随口而出的。如写作文时大家都是“此日天气晴朗”“燈下に此记を作る”的套句。老一辈的日本人一想起日本海海战,就会蹦出“天気晴朗にして波高し”的套句。

从历史上看，日本战争指导者们的用语，更是套话连连——侵略用“进出”，退却用“转进”，全灭用“玉碎”，战败用“终战”，占领军用“进驻军”，军队用“自卫队”等，导致留下历史认识问题的祸根。日本杂志《航空少年》(1944 年 6 月号）有这样的报道：从美国“最新锐”的 B29 轰炸机“巨体”中喷发出“毒血”般的火焰。这是侵略“神州”的“最后的身姿”，也叫“米鬼”。这是 B29 的“丑态”，在山中被“击坠”的 B29“残骸”，表明了“美国的末路”。你看，日本人要彻底骂倒对方，也必须用上汉字的套话：“毒血/米鬼/丑态/击坠/残骸/末路”。

一个汉字不同的读法，也是一种思维两面性的显现？或者是精神多义性的急顽？

建前与本音/表与里/外与内/公与私/大义与私情。“謹賀新年”是汉语词；“明けましておめてとうございます”是和语；“ハッピーニューイヤー”是外来语。“日本”本身的读音也有“ニホン”(nihon)和“ニッポン”(ni-pon)两种。一个国家的名字有两个发音，不奇怪吗？日本人非但没有感到奇怪，而且还十分清晰地区分了两种不同的“日本”：“ニホン”的读法，用于日本民族、日本语、日本刀、日本庭园、日本文化等方面；“ニッポン”的读法，用于体育比赛的“日本加油”“日本必胜”等，还用于体育日本、经济大国日本、日本男子等固有名词。日本国内在“二战”前和“二战”中都基本使用“ニッポン”的读法。战后的日常生活基本都用“ニホン”的读法。前者的特点是叫得响亮，属于力量型，也就是说与其他国家相比为了特别强调“日本”的时候而用“ニッポン”的发音。如果不特别强调的情况下则用“ニホン”的发音。

用电脑敲键盘，“いっかげつ”这个读音，至少有以下七种表示：

一ヶ月/一ケ月/一ヵ月/一カ月/一か月/一個月/一箇月

过新年，日本人不可缺少的是“おせち料理”，写成汉字的话就是“節会料理”。“かわいい”（kawaii）的汉字是“可愛い”。“かわいそう”（kawaison）的汉字是“可哀相”。虽属同源，但一旦用“愛”与“哀”将其分开使用，其意就截然不同。在战前，皇室的敬语一般都用复杂的汉字。但在1953年宫内厅发布了一个告示，要求将皇室敬语也控制在普通的用语范围内。比如“玉体/聖体”可以用“おからだ”（okarada）表示；“竜顔/天顔”可以用“お顔”表示；“宝算/聖寿”可以用“お年/ご年齢”表示；“叡慮/聖旨”可以用“お考え”表示；“敕语”可以用“おことば”（okotoba）表示；自称的“朕”用“わたくし”（watakushi）来表示。以前日本法律设有不敬罪。1946年5月1日，有人在皇宫广场上打出“飯米獲得人民大会”八个汉字的横幅，言下之意是天皇使得我们陷入贫困，所以向天皇要“飯米”。于是这个人以“不敬罪”被起诉，但随着新宪法的公布，依据大赦令而被赦免。

7．日本人对汉字的较劲

日本人对汉字的较劲，有的时候令我们汉字本家也脸红。

先祖与祖先——日本人说所谓的先祖，就是指从祖父母曾祖父母等前前代系列中可以追寻的对象。所以日本有“先祖代々”的说法。先祖倒过来是祖先。所谓祖先在日本人的眼里则是属于民族史和人类史的范围。总之，先祖是个人性的可追寻的，祖先则是民族性和集团性的。

将来与未来——日本人说将来是指个人的10年后20年后的事情。如就职问题、老后问题就属于将来性的问题。而未来则是指集团的更为遥远和抽象的大问题。如宇宙人袭击地球人、环境污染毁灭人类等。如果说将来是小视野，那么未来则是大视野。

罰(バツ/batu)与罰(バチ/bati)——同一个汉字,发音不同。发音的不同,意思也有微妙的不同。罰(バツ)是汉音,罰(バチ)是吴音。日本老人说:"ものを粗末にするともったいない、バチがあたる。"(不爱惜东西会遭罚的。)这里的"罰(バチ)"是主观自带的。学校老师说:"罰として廊下に立っていなさい。"(罚你到走廊里站着。)这里的"罰(バツ)"是学校老师下达的。老师之所以要下罚,一定是这位学生有意或无意地触犯了校规这个人为的公共意识。也就是说"罰(バツ)"一定是有惩罚者的,而"罰(バチ)"则一般没有惩罚者,它属于天意的报应之类。这个天意可以是神佛,也可以是先验的约定俗成的观念。这就如同不爱惜东西神佛会发怒一样。

这样来看:

A	B
先祖(个人的,近的)	祖先(集团的,远的)
将来(个人的,近的,具体的)	未来(集团的,远的,抽象的)
罰(バチ)(私的,现象的)	罰(バツ)(公的,人为的)

总之,A属于感觉的个人的,B属于理论的集团的;A属于有体感的,B属于没有体感的。这就如同和语说"頭が痛い/骨を折る",汉语词说"頭痛がする/骨折する"一样,前者具有抽象的连带,如"息子のことで頭が痛い"(儿子的事令我头疼)。后者则没有这方面的连带感,表现的是自己本身。这表明日本人对汉字本意的解构进入了汉字本体的解构。

8. 村上春树的"小确幸"

村上春树写文章说他曾对上门要他订阅报纸的推销员说:"我不认识汉字。"但是,这位用"我不认识汉字"为由婉拒订报的作家,也确实创造了一个在中国走红的汉字词语“小确幸”(しょうかっこう/syouka-kou)。拒绝订报,是因为不想每天看到报纸上那些无厘头的烦心事,同时也省钱了,村上感到“小确幸”了? 如是这样,村上的“小确幸”也太小市民了吧。

何谓小确幸? 村上的解释是虽小但确实的幸福感(小さいけれども、確かな幸福)。这就像是耐着性子激烈运动后,来杯冰凉啤酒的感觉;这就像把自己的内裤叠放得整整齐齐放入抽屉的感觉——这就像摸摸口袋,居然还有两个硬币的感觉;这就像电话响了,拿起话筒听出是刚才想念的人。这种感觉持续的时间在3秒到一整天不等。村上还熟练地念起“鸡汤”经,说要是少了这种小确幸,人生只不过是干巴巴的沙漠而已。

问题是这个“小确幸”并没有在日本走红。日本人没有感到这个词有什么特别新鲜之处。因为早在1 000多年前,那位灵性地说出“月是蛾眉月”的清少纳言就在《枕草子》里写了很多很多的小确幸。所以在日本人看来小确幸的源头并不在村上这里,他只不过用自己的生活方式实践了这种小确幸而已。有感觉的倒是中国人。这是为什么? 可能是习惯了“高大上”的中国人,可能是习惯了“海阔凭鱼跃”的中国人,突然面对一个活在当下的实实在在的“小确幸”,反而有一种无所适从、雾里看花的新鲜感。就像在路边采摘了一朵小花,尽管是无名的,但其鲜润色香同样令人喜爱一样。

但不管怎么说,在当代日本的写手中,村上恐怕属于对汉字感觉不太灵的也不太上心的小说家。有一位52岁的女性公司职员曾发电子邮件给村上说:“我记得您曾经在哪篇随笔里说自己不会写‘挨拶’(打招呼之意,是常见的日语汉字)这两个字。现在会写了吗?”村上居然还回复了，说自己偷懒没有练习，仍然不会写。20 世纪 80 年代的影星夏目雅子曾对作家伊集院静一见倾心，理由很简单，只是因为他能流畅地写出“蔷薇”两个笔画繁多的汉字。依此类推，村上写不出“挨拶”二个汉字，也是没有女影星能一见倾心于他的一个理由？

但不可否认村上是一个玩弄汉字“僕”（ぼく/boku）的高手。他的小说中都有一个用各种思考和各种行为的面目将自己表现出来的“僕”（我）。这个“僕”所代表的“我”与其说最接近英语中的“I”，还不如说最接近中文汉字里的“吾”。毫无疑问，恰恰是“僕”这个汉字构筑了所谓的“村上文本”。如《挪威的森林》里的“僕”，就多次在孤凄的夜晚“マスターベーション”/masuta-be-syun（手淫），这是否就重叠了村上自己的青春时代？令人注目的是这里他还洋气地用了洋名“マスターベーション”，而不用稍显土气的“自慰”二个汉字。

9. “□肉□食”，填两个汉字

日本小学的汉字考试有这么一道题目：“□肉□食”，填两个汉字。

于是有小学生填一个“烧”字，一个“定”字，就变成了“烧肉定食（烤肉套餐）”。老师当然打×了。答案应该填“弱/强”二字，成“弱肉强食”的四字熟语。那么要问：为什么“烧肉定食”就不能成为四字熟语呢？日本学者桥本阳介在《破解日语之谜》（新潮社，2016 年）中说：问题在于形态的紧密性这点上。“烧肉”与“定食”从内容上看并不具备独立的要素。而是连在一起形成“烧肉的定食”或“烧肉的好吃定食”。表明烧肉与定食之间可以分离，可以放入其他要素。而“弱肉强食”中的“弱肉”与“强食”是不可分离的。这种形态上的紧密性也就决定了在逻辑上不能说成“弱肉的强食”或“强食的弱肉”。“弱肉强食”最初出自唐朝韩愈的

《送浮屠文畅师序》里的“弱之肉，强之食”。这里在弱肉与强食之间放入了“之”字，表明不属于形态的紧密性范畴，只是一般的文字表达而已。但在语义上发生变化是在达尔文进化论开始流行的近代。契合西文的逻辑，日本人将其固定成了四字熟语。那位小学生填写成“烧肉定食”，从字义的逻辑面看未必是不通的。如有人问：你今天中午吃了什么定食？答：叙叙苑的烧肉定食。有问题吗？没有。但这道考题显然是想考查小学生四字熟语掌握的熟练程度，这里面就有一个形态紧密性与要素不可还原性的问题。所以从这个角度看，日本人学汉字汉文，其思路和着手点又有与我们不一样的地方。

再如鸡蛋。日语中有两种汉字表示：“玉子”和“卵”。没煮过的用“卵”，烹饪之后用“玉子”的倾向比较明显。所以在日本的超市里，鸡蛋要么用“卵”表示，要么用假名“たまご”表示，很少用“玉子”来表示。而料理店里则用“玉子”表示，如“味付玉子”、寿司店里的“玉子焼”等。之所以不用“蛋”这个汉字，是因为“蛋”字下面的“虫”字令日本人生厌，有不想碰的感觉。“蟲”这类字，只要看上一眼就心生讨厌。这种语言中的宿力，日本人叫“言灵”。日本人相信单个词语里潜伏着生命力，而在生命力中又沾附着某种内在的神灵。日本人常说自己的日语是“美しい日本語”（美丽日语），从单向性上看，这个美丽日语的形成，就与日本人的“言灵”信仰有关。日本学生不太喜欢“親鸞”（日本镰仓时代的僧侣，净土真宗的开创者）这位圣人，一个原因就是这个“鸞”字太复杂，至少有30画。但反过来，这位圣人用“鸞”字取名，与其他僧侣比，恐怕更有学问吧。日本人就是这样对汉字进行联想的。

再说说货币的“圆”字。中国货币的单位在过去用“两”。晚清的时候，铸造出圆形银货，货币的“圓”字开始盛行。受中国影响的日本在明治维新之后，决定日本的货币单位也用“圓”这个字。但这个字笔画较多书写不便，于是日本人想起平安初期的僧侣们曾在“口”字内加一根竖线的写法。当时的空海和尚就曾使用过这个字。这个字到了室町时代，慢慢变成了“円”这个字。也就是说将口下面的一根横线往上提了。1946年的当用汉字表里收入了这个“円”字。从“圓”到“円”，从繁到简，这是手书时代的原则，便利性第一。但当今电脑时代，汉字又有从简到繁的趋势了。

日本人使用率最高的“よろしく/yoroshiku(宜しく)”这句话里有一个“宜”字，但偏偏2010年11月改定的“常用汉字表”中，没有认可这个“宜”字。没有认可是一回事，但在日常生活则又少不了这句话。于是有日本年轻人将“宜しく”写成“夜露死苦”。喜欢数字的日本人则写成“4649”。而一查来源，才知道江户年间的作家龙泽马琴在小说《南总里见八犬传》里，就已经有“四六四九”(よろしく)的写法了。

日本人的语言细腻还表现在灾害用语上。有公园贴出地震后该做些什么的告示——

“容器をご持参の上、中央公園にご参集ください。”(带上容器到中央公园集合。)

从格式上看句话属于非常标准的公文体，但对非汉字圈的外国人来说，除了“中央公园”四个字之外，其他意思都很难明白，故作为灾害用语是不太合适的。这句话如改成“入れるものを持って、中央公園に集まってください。”从原本的11个汉字缩成7个汉字，这样非汉字圈的外国人也能看懂灾害用语了。看来，汉字有时也有汉字之“愚”。日本人注意到了这点，并加以灵活的修正与调整，表现出语言自信。

10. “月極駐車場”之谜

一字多音,是日本汉字的一个特点。如一个“生”字,由于搭配不同,至少有以下18种常用读法:

生憎(あいにく)/往生(おうじょう)/生粋(きっすい)/生業(なりわい)/生簀(いけす)/芝生(しばふ)/晚生(おくて)/弥生(やよい)/麻生(あそう)/生田(いくた)/羽生(はにゅう)/壬生(みぶ)/相生(あいおい)/福生(ふっさ)/生糸(きいと)/一生(いっしょう)/先生(せんせい)/生さぬ仲(なさぬなか)

这样看,日本人读错汉字应该也属正常的。谁能记住“生”这么多的发音?再比如“御用達”这个词,表示向皇宫进贡之意。日本有的糕点店内写有“宮内庁御用達”字样,表示这家店与天皇家的关系。日本人想当然地将这个词读成“ごようたつ”,但正确的读法是“ごようたし”。这里的“達”不念一般的“たつ”而念“たし”。此外,将“既出”(きしゅつ)错读成“がいしゅつ”,将“遵守”(じゅんしゅ)错读成“そんしゅ”,将“老舗”(しにせ)错读成“ろうほ”,将“雰囲気”(ふんいき)错读成“ふいんき”的日本人还真不少。

最为典型的是“月極駐車場”(按月交费停车场)中“月極”二字的读音。在日本到处都可以看到“月極駐車場”这几个字。日本人从小开始就会将“月極”自然地读成“げっきょく”,但为什么偏偏是读“つきぎめ”呢?原来从江户时代开始,“極”这个汉字有了“きめる”的读音。在“二战”前“決/極”二字在使用上是无区别的。但在“二战”后,“きめる”这个发音就限定于“決”字,如“日を決める”(决定日期)。而“極”的读音则限定为“きわめる”,如“贅沢を極める”(穷奢极侈)。现在的学校也只教授学生“決める”,不知道还有个“極める”这个古旧用法沿袭至今。

在日本，只有北海道和高知县用“月决め駐車場”的字样。但感觉上日本人还是喜欢“月極”这两个汉字。

11．日语汉字的视线

汉语是“贤妻良母”，日语是“良妻贤母”。这里有贤妻与良妻、良母与贤母的对照。作为妻子的资质，中国人希望是贤惠的，日本人希望是善良的。而作为母亲的资质，中国人希望是善良的，日本人希望是贤惠的。贤与德有关，良与心向有关。汉语的“贤内助”，日语是“内助功”。可见，同样是表扬妻子，着重点不同。汉语是“领奖台”，日语是“表彰台”，前者是选手的视线，后者是颁发者的视线；汉语是“广告牌”，日语是“看板”，前者是广告方的视线，后者是过客的视线；汉语是“参观须知”，日语是“利用案内”，前者是对参观者限定的视线，后者是既有对参观者的要求又有设施方的介绍等混合视线；汉语是“多才多艺”，日语是“多艺多才”，前者是因果顺，因为多才所以多艺，后者是分别顺，多艺和多才属于不同的能力。还有诸如：

乳母车—婴儿车　陆上竞技—田径比赛　婚礼写真—婚纱照　食器棚—碗柜　成金—暴发户　正月映画—贺岁片

前者是日语，后者是汉语。两者对汉字的实用与巧用，只能说是各有千秋，各有所长。日本报纸里经常出现的法律用语“昏睡强盗致死”。显然“昏睡”是指被害女性，“强盗”与“致死”是指实施犯罪的犯人。日本人常用“入学拒否”的说法，这里的“入学”是指学生，“拒否”是指学校方。还有日本人喜欢用“合格发表”的说法，这里合格的是“学生”，发表的是“学校”。这种主客体同时混用的汉字结构，在我们的汉语中是看不到的。如果汉语要表达“合格发表”的意思，则是用“录取通知”或“发榜”的表述。还有日本语的“改札口”涵盖了汉语“检票口”和“剪票口”的双重意思。“检/剪”含义虽不同,但日语在这里显然是无视了这种不同。虽然显示出无视,但“检/剪”的功能依旧存在。

中国人说“白发三千丈”。三千丈约9公里。白发怎么有9公里长呢?显然是夸张的表现。中国人喜欢用“千”字。如一落千丈、千层糕、千层饼、千里香。还有以前广告词里的“包治百病”。这个用法日本人是吃惊的。因为百病就是指所有的病了,一种药能包治所有的病?日本人说孔子也是类似的表述。如孔子说“闻韶乐,三月不识肉味”。这里的“三月”可能就是三日。还有我们喜欢用“一衣带水”来表述中日之间的距离感。中国与日本确实是近邻,但东京到上海的距离是1900多公里,飞机要飞近三小时,这怎么就是一条纽带的宽度呢?日本人说酒豪,中国人说海量。像海一样的酒量,日本人说这太夸张了。汉语可以说:那家店很火/他很牛。但日语就不能直接用“火”或“牛”来翻译。中国人喜欢用动物表现。如生龙活虎,龙飞凤舞,望子成龙。龙/虎/凤是中国人的最爱。

12. 在日外国人最喜欢的10个汉字

据2014年的统计,在日外国人最喜欢的10个汉字分别是:

美　風　道　響　夢　旅　働　愛　花　進

为什么是这10个汉字呢?仔细分析的话,这10个汉字都属于功利和现实的即物性汉字。其实,日语在某种意义上就是一种讲究实效的“即物性”语言。它总是用“濡羽色/東雲色/照柿色/纳户色”将自己裹装起来,显得优雅有度。而这“四色”恰恰又都是日语汉字。在物品的量词方面,液体用“杯”,平面物体用“枚”,棒状物用“本”,寿司用“贯”,兔子用“羽”。在植物颜色名方面,汉字用“藍/柿/浅葱/芥子/亚麻”等。在动物的色名方面，汉字用“狐/孔雀/老鼠/朱鹭/駱駝”等。在一般物体的颜色名称方面，汉字用“灰汁/瑠璃/煉瓦/珊瑚/水”等表现。当然还有“红富士/一斤染/江户紫”等。仅与粉红有关联的色名，汉字就有“桃/洗朱/桃花褐/一斤染/薄曙/薄珊瑚/淡红/梅鼠/桃染/朱華/红梅/撫”。

日语的这种即物性使得以心传心的感性情感特别发达。从情绪性出发生出庞大的拟声语和拟态语。一二三，日本人念英语时的发音是“ワン・ツー・スリー”（wan・tu-・suri-）。很不准，但有拟音的日式味。

和语说：人が道を歩く。和汉混交语说：通行人が道路を歩行する。词与辞，前者是汉语，后者是和语。谁厉害？当然是词厉害。后者只是修饰前者的。如“波”，和语只有“なみ”，但汉字词就有：波、浪、涛、澜的细分。此外，汉字还有很强的造词能力，如：波浪、波澜、金波、银波、风波、秋波、音波、电波、千波万波等。分析力越来越高。

“国际联合设立百周年纪念祝贺式典开催准备委员会委员选出日程——”还可以再继续造下去，难以穷尽。这就是汉字力了。

日本语中的汉语词，是说汉语词的背后有和语词，和语词的背后又有汉语词伏贴着，属于双重复线化的语韵。如同样的“雨”字，有“ウ”（u）与“あめ”（ame）的读法。和语的“あめ”与汉语的“ウ”相重叠。以这个为象征而成立的文学作品，就是中国诗、日本汉诗、和歌三个体系并存的《和汉朗咏集》（1013 年），编撰者是藤原公任。“林间暖酒烧红叶/石上题诗扫绿苔。”白居易的诗歌被藤原公任引用了。“良妻贤母”是日语的说法。教育史家小山静子在 1991 年写《良妻贤母的规范》，表述国民女性的理想形象。其中对“贤母”的要求是“不戏谑”“不妄语”。这里的“戏谑/妄语”其实也是汉字的一种色彩，一种和汉交混的色彩。

就活開幕★

婚活中

就活/婚活/朝活/部活/离活。近年日本人在玩“活’字汉字。毕业后的就职活动叫就活；准备结婚的活动叫婚活；早上起床做的事叫朝活；学生在校的课余兴趣小组的活动叫部活；那么准备离婚活动的叫离活。当然可以理解为二字缩语，但日本人语感上的内涵又与我们单纯的文字缩减不一样。这就是日本汉字的妙处。

早朝通勤でポイント貯まる！

朝活応援

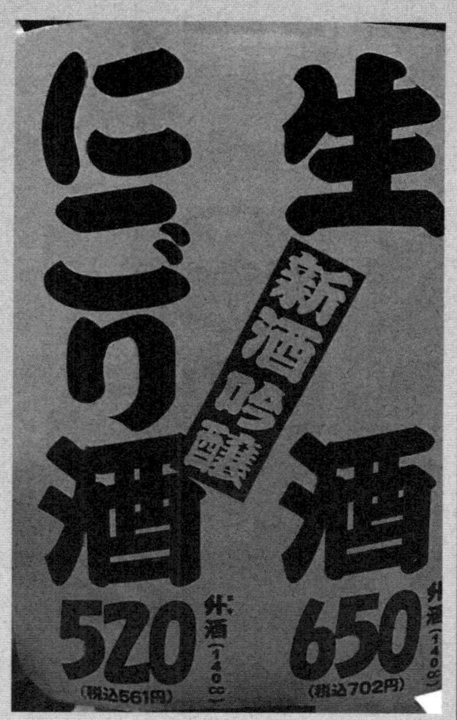

注意这个“酒”字。日语的酒字与汉字一样。但这家居酒屋的“酒”字，里面多了一条小横线。而同样的“新酒”的“酒”字，则是正规的酒字。表明日本人也喜欢玩书法的变化体。

豆腐写成了“豆富”。因为这个“腐”字有的日本人不喜欢。而“酒富士”店名，则将“富”写成了“冨”，有的日本人不喜欢带点的富字。看来个人喜好就能对汉字发挥创意，这在我们这里就被视为语言的纯洁性问题了。

駐車駐輪

驻车驻轮。难解的是“轮”字。但日本有自転車（自行车）的叫法。那为什么不是“驻车驻自”呢？自行车有两个轮子当然是个思路，但自家车也有轮子呀。

再站前出口处，日本人将“出口”写了三遍。一遍是自己人用，一遍是中国大陆人用，一遍是繁体字的中国港澳台人用。问题是出口二字简繁一致，没招，只能再写一遍。玩汉字的杰作，就在这里。

一看，一排汉字多热烈。但再思量，“日高”二字则完全是和式的，让人联想到天照大神。

尽管都是汉字，但意思就不好理解了。何为“泥棒”？何为“追放”？没有学过日语的读者恐怕是一头雾水。如果说泥棒就是小偷的话，那何以用“侵入”二个字？我们的感觉中，是敌人才能用的上大举侵入，而且还不是侵入是入侵。针对一二名小偷用侵入？也是我们不理解的。

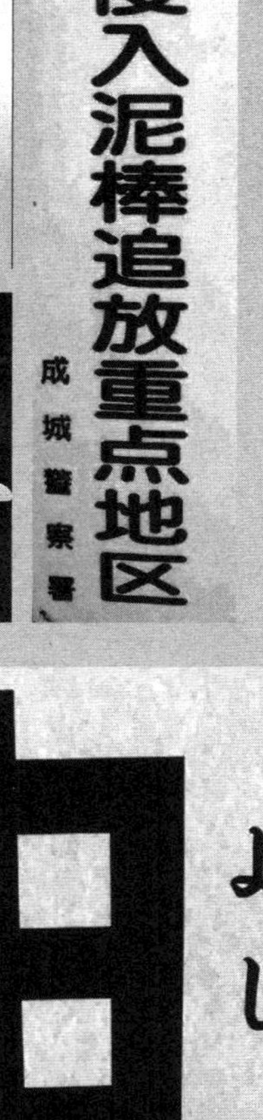

东京都内的一家拉面店的店名。原本是“由丸”二字，但日本人玩感觉，将“丸”字写成“〇”字，便成了“由〇”的店名。当然是为了吸引客人啦。

应该是“痔”字。但挂在银座大楼上做痔疮药的广告，太不雅观了。于是想出了用假名的“ぢ”。这是1989年的事情。

日本的牛丼快餐店吉野家。但注意看，吉野家的“吉”字上面不是“士”字而是“土”字。显然，带“土”字的吉是旧字。现在，日本所有的电脑都打不出这个字。因此这个字成了只装饰店名了。

这二个汉字表示在站内贩卖便当。驿字的旧字驛，而不用日语的“駅”。表明了和汉混合。

应该是“文化财”，但在法隆寺的境内，则挂着写有“文化戝”的警示语。将“財”写成“戝”，将“財布”（皮夹）写成“戝布”，则是日本人喜欢的。春天的“戝布”打折了。

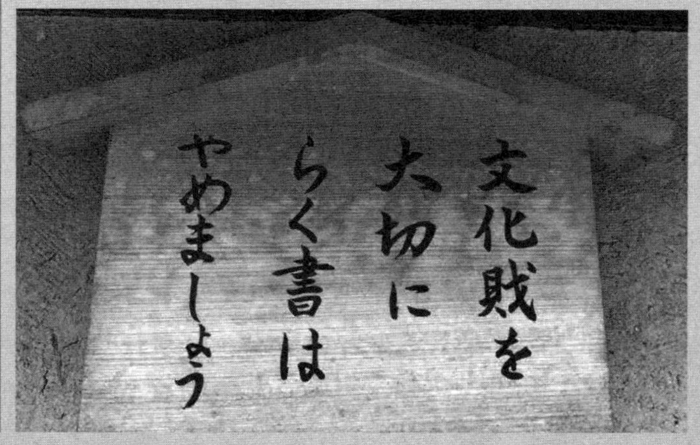

真的是文化上的一衣带水。看，连“继往开来”日本人都会将其当四字熟语来领悟。

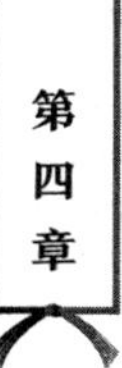

第四章 佐藤和阳葵：人名汉字里的大学问

1. 日本百家姓的前3

最新日本百家姓的前3：

第一位佐藤，第二位铃木，第三位高桥。

日本人的姓氏中与“藤”字有关的还有“工藤”“加藤”“伊藤”“斉藤”“遠藤”“近藤”“安藤”等，其中的“藤”字音读为“トウ”（tou）。奈良历史上有“藤原”这个地名。大化改新的功臣中臣镰足，在藤原这个地方建造住宅，天智天皇就赐给镰足一个“藤原”的姓。藤原氏在近畿一带人丁非常兴旺，其子孙以东国为中心迁徙至各地。

向佐渡或佐野迁移的藤原氏叫“佐藤”；

向伊势迁移的藤原氏叫“伊藤”；

向加贺迁移的藤原氏叫“加藤”；

向安芸迁移的藤原氏叫“安藤”；

向远江迁移的藤原氏叫“遠藤”；

向近江迁移的藤原氏叫“近藤”。

此外，从事木工的藤原氏叫“工藤”；担任齐宫职（在神宫里担任祭祀的女宫）的藤原氏叫“斉藤”。于是在东日本，“藤”字不读“ふじ”（huji）而读“トウ”的人很多。相反在西日本，以传统的“藤原”为代表，人们将“藤田”“藤本”“藤井”里的“藤”都训读成“ふじ”。在北海道，姓“佐藤”的人最多。这表明当年的开垦者大都是从东北来的。而东北地区之所以姓“佐藤”的多，是受下野国佐野庄的“佐”字影响。青森县姓“工藤”的最多，其次是“佐藤”。

北关东的茨城县与栃木县，“铃木”姓要比“佐藤”姓多。群马县“高桥”姓与“小林”姓为多。千叶县“石井”姓为多。埼玉县与群马县由于受日本南北朝时代的影响，“新井”姓居多。

同样读作“さかもと”（sakamoto）的姓，在东日本写成汉字是土字旁的“坂本”居多，在近畿一带则是耳朵旁的“阪本”居多。再往西的九州、鹿儿岛一带，则写成“坂元”的居多，但“元”字不读“もと”（moto）而读“ゲン”（gen）。读作“あべ”（abe）的姓，东日本的宫城县写成“阿部”，西日本的大分县写成“安部”，写成“安倍”的则是岩手县居多。现在的日本首相安倍晋三是山口县人，这表明在山口县“あべ”的读音也表示为“安倍”。

2．著名的汉字“八色姓”

日本大和时代的名字，基本是美称与尊称组合在一起。如天钿女命的“天”是美称，“命”是尊称，“钿”是实名。神功皇后叫息长足姬尊，

“姬”和“尊”是尊称,“息长”是地名,实名是“足姬”。除了尊称,结尾语有带“比卖(姬、媛、比黄)、郎女、足、比登、女、户弁、麻吕”等的习惯。带“子”也是那个时候的习惯。最初是男女通用。如圣德太子时代的小野妹子就是一位遣隋的男性官员。还有当时的历史人物如苏我马子、阿倍鸟子、藤原镰子等都是男性。

日本古代的姓名特点在于氏(うじ/uji)与姓(かばね/kabare)的不同。这种不同主要表现在日本的“氏”代表着“氏族”,也就是远古氏族社会的氏族区分。而古代日本的姓一般是对新罗王朝制度的模仿,表示的是氏族(血缘集团)家格的称号。姓氏的起法与大和朝廷的成立也有很深的关系。这种关系表现在归属于朝廷的豪族们分担一定的官职,如果是世袭的话,朝廷则赐予能表明世袭的氏与姓。最初赐予的姓是“大伴”“物部”,其汉字意义表示一种世袭职务名和以地名为对象的氏族集团。不久朝廷又授予有居住地特征的“葛城”“平群”“巨势”“苏我”等氏名。维护姓的秩序,是古代政治的重要课题,所以早在684年,朝廷就认可了著名的汉字“八色姓”:真人/朝臣/宿祢/忌寸/道师/臣/连/稻置。八色姓由于偏重中央氏族,引起了地方豪族的不满。于是嵯峨天皇在位时,命专人编撰全国姓氏书《新撰姓氏录》,收录了当时查明的1 182种姓。

当年元明女帝推广二字化的好字地名也波及人名。嵯峨天皇的皇子皇女的名字都是两个汉字。如皇子是正良/秀良/业良/忠良,发音则是四个音节的训读;皇女是正子/秀子/俊子/芳子/繁子/业子,发音是三音节的训读。

嵯峨天皇在818年3月,接受菅原道真的祖父,曾经的遣唐使清公的献策,下令宫中活动、仪式和官服等全部随唐风。值得关注的是让皇子皇女臣籍下降(是指日本皇室子孙脱离皇室的做法),并送一字汉名。

如:"有、生、至、和、来、加、好、定、治、建、相、保、包、唱、望、舒、光、多、勤、効、選、興、競、計、覚、鎮、進、弼、尋、慎、昇、啓、勝、盈、見、湛"等。

这种一字或二字并用的制度,是从嵯峨天皇时期开始的,后来成了日本人起名字的基准。

3. 女子名: 赤猪子/姫夜叉/鶴夜叉

日本文史学家角田文卫在《日本女性名》里,将日本史上最初的女子名确定为"卑弥呼"(ひみこ),第二位是镇抚邪马台国争乱的女王"壹與"(とよ)。日本神人史书《古事记》第197段出现了"赤猪子"的插曲,雄略天皇在美和(三轮)河边看到美女,问:"你的名字叫什么?"答"引田部的赤猪子"。怎么还有叫"赤猪子"的? 再一查当时女子名的历史资料,确实存在"赤猪子"的名字。这里用"猪"作为辟邪名,祈求无病无灾。恒武天皇的皇子万多亲王的母亲叫藤原小屎,看上去很不雅的"屎",在当时也是典型的辟邪名。

撰写《源氏物语》的紫式部,是藤原为时(平安中期的汉字学家)的女儿。这个"紫"是小说里女主人公紫上的影射,式部是其父亲官制式部丞的影射,表明紫式部根本不是实名,而是后世的再造。

在《日本书纪》里,当时女性实名之后的尊称,天孙系(是指日本神话里的天孙降临者)以及皇族用"姬/尊",其他人的用"媛/命"来加以区别。《古事记》则用"比卖/毘卖/命"等,并不严密。此外还有用"郎女/君/比咩"的。而那时的中下层女性多用"卖/女"等。特别是"女",一直延续到江户时代。谷崎润一郎在1947年写有随笔《叽田多佳女之事》一文。这位叽田多佳是京都茶屋"大友"的女老板,"女"是对她的尊称。从正仓院保存的资料来看,奈良时代庶民女性的姓名大体是: 阿田卖、猪手卖、得依卖、大海卖、久须利卖、小屎卖、财卖、逆卖、须留卖、玉虫卖、刀自卖、刀良卖、和子卖、奈尔毛卖、根虫卖、波加麻卖、羊卖、古卖、比留卖、若子卖等。看得出汉字在那个时代已经被熟练地运用了。当时女性90%的名字里都带有“卖”字,后来变成了“女”字。如《更极日记》的作者是菅原孝标女。

女子名摆脱古代色彩是在平安年间的嵯峨天皇时代,具体说就是女子当中的内亲王采用“○子”,臣籍下降的皇女采用“源○姬”。于是,正子内亲王、芳子内亲王、源贞姬等的名字诞生了。特别是“○子型”的名字,在王女之间流行。到了平安末期,贵族女性基本都起“○子型”的名字。“○子型”的名字,成了后世日本女性名字的主流,特别是从大正后期到昭和五十年代初期。与后世的一个不同点是,当时这些女性的名字都是训读。如贞子不读“ていこ”(teko)而读“さだこ”(sadako),温子不读“おんこ”(onko)而读“よしこ”(yoshiko),成子不读“せいこ”(seiko)而读“なるこ”(naruko)等。安德天皇的母亲建礼门院的本名是德子,据角田文卫的说法,德子不读“とくこ”而读“のりこ”(noriko)。

再加上当时日本佛教的流行,庶民阶层中女性的汉字名也表现出多样化的趋势,出现了诸如“观音/无量/地藏前/如来女/金刚女/弥陀女/药师御前/释迦女/多闻女王”等名字。再随着女性出家风潮的盛行,法名的汉字表示也很让人注目,如“妙阿/净阿/宝莲/阿妙/圆明/行女/妙贞/理性/善知/随善”等。此外还有很奇怪的“夜叉御前/姬夜叉/鹤夜叉”等的表示,表明“夜叉”的名字在当时也很流行。

在过去,用皇室的“仁”字来为自己起名是被禁止的。但是美智子皇后在1950年代成婚之后,很多女性取名“美智子”,模仿美智子的“美千子/光知子/美知子/久美子/由美子”等也非常流行。

4. 日本人名汉字出自什么系统?

实际上只要看看日本人名的汉字由来,就能明白日本人名汉字的一个大体走向。

男子名的三系统:

(1) 幼名系统的汉字,如文麿/竹千代等。

(2) 呼叫系统的汉字,这里有两个种类:

① 表示出生先后的人名汉字:

长男为太郎,次男为次郎,以下类推是三郎、四郎、五郎、六郎、七郎至十郎。十郎以上称“余一”,因此也叫余一郎、余次郎等。《平家物语》里有名的那须余一宗高就是下野那须的那须太郎资高的十一男。再往下排:太郎之子为小太郎,次郎之子为小次郎;太郎之孙为孙太郎。

② 表示官职的人名汉字,如右卫門/兵卫/藏人/式部/外记/主水/多门/数马/太郎兵卫/次郎左卫门等。

(3) 正式名字系统的汉字,如正信/博之/重光/俊明、实/茂/浩等。

女子名的双系统:

(1) 正式名字系统的汉字,如春子/秋子等。

(2) 源氏系统的汉字,如春江/静枝/春代/绢代/春野/雪野/若叶/早苗/弥生等。

5. 有45种汉字表示的“ゆうき”(yuuki)

从明治到大正到昭和,随着时代的变化,汉字名也在发生变化。明治生命保险公司提供的数据表明,大正元年(1912年)出生的婴儿使用较多的名字有:

男子名:正一、清、正雄、正、茂、武雄、正治、三郎、正夫、一郎。

女子名：千代、正子、文子、千代子、静子。

这里，男子的“正”与女子的“正子”，来源于年号。

整个大正时期流行的名字是：

男子：清、正雄、武雄、正、茂。

女子：芳子、久子、文子、清子、千代子。

男子名“茂”的流行是因为明治十一年（1878 年）出生的吉田茂，他的父亲吉田纲在中国古籍里找寻到社会的理想人物八大顺序的排名是圣/贤/杰/豪/俊/英/选/茂/。于是吉田纲用最末位的“茂”字给儿子起名，表现出仰慕中国的情怀。

大正十二年（1923 年）关东大地震，男子起名“震太郎”的明显增多。如吉田震太郎（当时的财政学者）、牧震太郎（当时的群马县代议士）、盐治震太郎（当时的工学博士）等。

1927 年（昭和二年）出生的男子汉字名排名是：昭二、昭、和夫、清、昭一、博、勇、茂、实、弘。

女子汉字名排名是：和子、昭子、久子、照子、幸子、美代子、光子、文子、信子、节子。

非常优美，非常淑女。这无疑与昭和年号有关。

昭和初期还有一个特点就是男子“一字名”的倾向一直延续到战后。当时最为流行的一字名是：清、实、弘、茂、勇、博、进、明、武、正。名字的战时色彩浓厚。

这个时期女子名的一个显著特点就是在读音上从二音节向三音节发展。如二音节“つね/みね”（tune/mine）变成三音节“あきこ/かずこ”（akiko/kazuko）。

1940 年是日本人设定的神武天皇纪元（即位）2600 年的纪念日。当年女子的“紀子(のりこ/noriko)”名、男子的“紀雄(のりお/norio)”名，都进入了前10。之后是1942年“胜”的登场，男子名第一位的“胜”，一直领先到战争结束为止。与三岛由纪夫一起自杀的森田必胜是在战败前夕的1945年7月25日出生的，如果是8月15日以后出生，想必就不会取“必胜”这个名字了。

1945年战败这年的女子名前10是：和子、幸子、洋子、节子、弘子、美智子、胜子、信子、美代子、京子。

战后日本进入经济高度成长期，名字也发生了很大变化。如1973年时兴的女子名有：阳子、祐子、真由美、智子、纯子、惠美、香织、惠、美穗、美香。显露出的一个特点是超半数不用“子”字。同时期的男子时兴名有：诚、刚、哲也、直树、健一、秀树、学、淳、英树、大辅。

1960年，天皇家皇太子德仁亲王(称号为浩宫)诞生，浩/浩一/浩子等汉字名有所增加。

1970年世界博览会在日本召开，博/博之/博子等汉字开始出现。

进入平成年代，女子名急速表现出重视汉字字形的倾向。

如1989年(平成元年)女子名前10：爱、彩、爱美、千寻、麻衣、舞、美穗、瞳、彩香、沙织。

再看2001年女子名前10：樱、优花、美咲、菜月、七海、葵、美月、萌、明日香、爱美。

再看2001年男子名前10：大辉、翔、海斗、陆、莲、翼、健太、拓海、优太、翔太。

可以看出，与女性带“子”字名人气凋落一样，男性带“男/雄/夫”(均读“お”)字名也同样人气不在了。

更为引人注目的是，进入平成时期，日本人用人名玩汉字的倾向更

为显著。如“ゆうき”就有45种汉字写法：

優希/祐希/裕貴/勇輝/裕樹/優輝/勇紀/祐輝/佑樹/悠貴/雄貴/有輝/勇希/祐貴/侑輝/祐紀/侑生/友樹/友希/悠生/雄紀/雄輝/雄揮/雄暉/由樹/由希/由暉/勇気/結晶/裕輝/優紀/優貴/祐樹/祐紀/佑基/佑記/佑季/佑宜/悠樹/悠希/悠騎/侑樹/侑己/湧記/湧希

在平成年代，很多人取小说和歌谣里薄幸英雄的“忍/雪/夕子”等名字，理智的女性多取“薫/秀/貴子/真理子”的名字。2006年9月，天皇的孙子悠仁亲王诞生，社会上“悠太/悠斗/悠人”等“悠”字号名也多了起来。

6. 60年追加了1 000汉字

日本户籍法第50条规定：婴孩之名，必须使用“常用平易”的文字。其选用范围：

（1）常用汉字表中的汉字。

（2）其他表中的汉字。

（3）片假名与平假名。

从日本人名汉字的量的积累来看——

1951年：追加92个汉字。当时人名汉字数92个，常用汉字和人名汉字合计1 942字。追加的汉字有：乃、之、也、亭、亮、嘉、圭、朋、尚、昌、玲、彦、郁、靖、淳、晃等。

1976年：追加28个汉字。当时人名汉字数120个，常用汉字和人名汉字合计1 970字。追加的汉字有：佑、允、杏、梨、沙、芙、茜、那、翠、耶、悠、怜、瑠、瞳、纱等。

1981年：追加54个汉字。当时人名汉字数166个，当用汉字和人名汉字合计 2 111 字。追加的汉字有：侑、峻、惟、慧、昂、璃、蓉、萌、茉、莉、翔、绯、碧、虹、遥、蕗等。

1990 年：追加 118 个汉字。当时人名汉字数 284 个，当用汉字和人名汉字合计 2 229 字。追加的汉字有：凌、凛、昴、椿、嵐、澪、宥、嵯、爽、稀、嬉、汀、慧、燎、秦等。

1997 年：追加 1 个汉字。当时人名汉字数 285 个，当用汉字和人名汉字合计 2 230 字。追加的汉字有：琉。

2004 年 2 月：追加 1 个汉字。当时人名汉字数 286 个，当用汉字和人名汉字合计 2 231 字。追加的汉字有：曽。

2004 年 6 月：追加 1 个汉字。当时人名汉字数 287 个，当用汉字和人名汉字合计 2 232 字。追加的汉字有：獅。

2004 年 7 月：追加 3 个汉字。当时人名汉字数 290 个，当用汉字和人名汉字合计 2 235 字。追加的汉字有：駕　瀧　毘。

2004 年 9 月：追加 693 个汉字。当时人名汉字数 983 个，当用汉字和人名汉字合计 2 928 字。追加的汉字有：俺、兔、葡、芦、茨、雁、苔、芯、萱、蒲、莓、雫、峯、麓等。

2009 年：追加 2 个汉字。当时人名汉字数 985 个，当用汉字和人名汉字合计 2 930 字。追加的汉字有：穹、祷。

2010 年：追加 5 个汉字。当时人名汉字数 861 个，当用汉字和人名汉字合计 2 997 字。追加的汉字有：勺、銑、錘、脹、匁。

从 1951 到 2010 年的 60 年间，从 1 942 字到 2 997 字，日本的当用汉字和人名汉字增加了 1 000 个。这就使得人名进一步个性化和汉字化了。

7. 2016 年男女起名前 5 位的汉字

明治安田生命保险公司以 2016 年 1 月至 10 月出生的 12 829 名婴儿为对象,就汉字取名的前 5 位作了调查。

男子名前 5 位:

第 1 位: 蓮

第 2 位: 大翔

第 3 位: 陽翔

第 4 位: 湊

第 5 位: 悠真

女子前 5 位:

第 1 位: 陽葵

第 2 位: 陽菜

第 3 位: 結愛

第 4 位: 咲良

第 5 位: 桜

男子名的汉字"蓮"自 2010 年以来连续 6 年都是第一。女子汉字名首次以"陽葵"为第一。"陽葵""陽菜"都是少女漫画主人公的名字。进入前 5 的这些名字都很难读。如"大翔"读音为"ひろと"(hiroto),一般电脑打字都跳不出汉字。读音为"ひまり"(himari)的"陽葵"也是这个问题。

再据明治安田生命保险公司的调查,2011 年男子名前 2 是"大翔"与"蓮";女子名前 2 是"陽菜"与"结愛"。这里要注意的是这个"翔"字,1981 年它被批准为人名汉字,意外的是在 1982 年,"翔"字名就进入了前 10,1983 年进入前 6。1987 年"翔太"进入前 3,"翔"进入前 7,从此"翔"

字的人气度一路冲天。日本人喜欢"翔"字，据说受1976年的畅销书——司马辽太郎的小说《翔ぶが如く》（《如翔似飞》）有关。"翔ぶ"的读音为"とぶ"（tobu）。"とぶ"一般写成汉字形式是"跳ぶ/飛ぶ"，并没有"翔ぶ"的写法。可能正是这个原因使得它赢得了日本人的喜欢，寓意展翅高飞的"翔"字开始走红。当时作曲家柴田翔（户籍法制定前出生）很有知名度，他的一个"翔"字很亮眼。于是当时的少女漫画的主人公名字也开始叫"藤丸翔"。1977年，性格开放的女子被称为"飞翔之女"，还评上了当年的流行语，一下子人气更甚。

8. 围绕汉字起名的诉讼

1947年至1949年这三年是日本战后婴儿潮时代。这三年日本出生的新生儿合计超过了806万人。加上1 000万人的父母数，再加上祖父母数量等，至少有1 300万人参与了对806万人的命名。根据明治安田生命的统计，1947年出生的婴儿的名字，男女前10位分别是：

男：清、稔、搏、進、弘、修、茂、和夫、勇、明。

女：和子、幸子、洋子、美智子、節子、弘子、惠子、悦子、京子、惠美子。

在男女前10位的名字中，有"稔/弘/智"三个汉字不在1946年颁布的1 850个当用汉字里。1948年1月1日实施的户籍改正法也没有收编进去。日本人对此有非常"痛苦的经历"。1948年9月，家住神奈川县的一对夫妇生下女儿，商议后起名为"瑛美子"，于是到政府部门登记，但是没有被受理。理由是"瑛"不属于当用汉字。其实"瑛"的意思是"水晶"，在当时的日本属于很时髦的汉字。这年的12月，这对夫妇再度给孩子起名为"玖美子"。"玖"表示"黑色生辉的宝石"，但也不是当用汉字，因此也不被政府部门受理。这对夫妇不服，便在1950年3月，将政府部门告到横滨法庭，说不受理市民起名的汉字属违宪行为，结果败诉。类似有这种“痛苦的经历”的人，在当时的日本太多了。

1950年2月7日的《朝日新闻》“天声人语”发文说：森鸥外为孩子起名为“於菟”、“杏奴”和“茉莉”等难度较大的汉字，确实有意义，但有多少人能准确读出发音？人的名字本来不应该取这么难。但这个字不能用，那个字也不行，用法律禁止起名的国家，日本之外没有第二个。

败诉的这对夫妇就是不服输，最终起诉到最高法院。《天声人语》再次发文说：这个孩子出生于1948年9月，因为当时有名字争议，所以无法入户籍，在法律上成了无名无国籍的日本人。三年了，应有的权利都被剥夺，连注射疫苗的通知也无法传送。如果最高法院上诉再失败，这位无名无国籍之人也就失去了将来的义务教育权、选举权和被选举权。作为当用汉字的牺牲品，这位日本人遭遇了一生中最大的不幸。

正是因为有了1950年代汉字起名的诉讼案，进入1960年代后，日本人开始希望增加人名用汉字。如在1963年第16回全国联合户籍事务所协议总会上，富山县提出追加7个汉字：悠/芙/梨/沙/瞳/恂/惇。5年后爱知县又提出追加“梨/沙/芙/佑/喬”等5个汉字。

2017年9月25日，日本法务省修改了规定孩子名字中可使用汉字的《户籍法》实施规则，并追加可使用的汉字“渾”。这是继2015年1月追加“巫”字以来的第2 999个汉字。法务省表示，居住在关东地区的父母曾在2016年9月，将新生儿名字中带有“渾”字的出生登记递交地方市政厅。然而由于“渾”字未列入《户籍法》实施规则内，因此未被受理。父母对此表示不服，提出申诉。家事审判作出认可其主张的决定，东京高等法院于2017年5月确定审判结果。因此，法务省决定修改这一规则。

日本的《户籍法》规定，孩子的名字，必须使用常用简洁的文字。该规则中还具体指定现在常用汉字表中的2 136个字，人名用汉字863个字，共计2 999字。“浑”字有“全部”等含义，虽有“浑身”等词汇，但在这之前不能使用在名字中。

9. 历史名人的汉字幼名

“苗字”与“名字”，日语读音相同，但在写法上稍有不同。“苗字”与土地相连，“名字”则是与家族姓氏相连。

日本历史上，在进入室町时代之后，法律规定除武士之外，一般人禁止使用姓。在整个江户时代，带刀与带姓是武士的特权，只有少数庶民可以使用姓，如庄屋名主（江户时代村落官人的一种官职）、御用商人以及治水等从事国家工程之人。对这些人而言，姓是一种破例的恩典。当时的农民虽有“山上”“川上”“田边”等叫法，但这只是屋号，起屋号的目的是为了识别。受到幕府宠爱的是当时的归化人，具有代表性的秦氏、太秦、大藏、惟宗、宗等姓氏，就是从江户时代派生出来的。而犬养、鵜飼等姓则是来自归化人的职业。

在当时的日本，武士出生后必须起汉字幼名（童名）。这个幼名一直用到元服为止（15到20岁左右）。以德川家为例，初代将军德川家康的幼名是竹千代。三代将军家光、十代将军家治、四代将军家纲用了同样的幼名。二代将军秀忠的幼名是长丸，五代将军纲吉的幼名是德松，六代将军家宣的幼名是虎松，十一代将军家齐的幼名是丰千代，十二代将军家庆的幼名是敏次郎，十三代将军家定的幼名是政之助，八代将军吉宗的幼名是源六，十五代将军庆喜的幼名是七郎麿。

作为一种汉字文化，日本历史上名人的幼名也经常被日本人提及。如：

万叶诗人纪贯之的幼名是阿古久会；

制订日本十七条宪法的圣德太子的幼名是厩户皇子；

开创镰仓幕府的源赖朝的幼名是鬼武者；

战神源义经的幼名是牛若；

开创室町幕府的足利尊氏的幼名是又太郎；

自誉为神的织田信长的幼名是吉法师；

打下天下的丰臣秀吉的幼名是日吉丸；

战神加藤清正的幼名是夜叉丸。

幼名常用“丸”。本来的意思是指便器“まる”(maru),属于典型的辟邪名,同时也兼顾了人德圆满的意思。使用辟邪名是一种隐藏真名的思考方法,表抗争鬼神之意。日本人认为在婴儿死亡率很高的年代,婴儿的健康有赖于鬼神。鬼神在这个时候具有了保全幼小生命的要素。日本人从“丸”字出发又发展出了读作“maro”的“麻吕”“麿”等汉字表示。当然意思也与“丸”字有所不同。有一说法是表“亲爱”之意,但更多的学者认为“麻吕”“麿”本身没有实际含义,仅仅是姓名的后缀而已。

10. 三浦朱门不知酒肉臭

三浦知良是日本著名的足球运动员。读音上,三浦读“みうら”(miura)是没有争议的。“良”读“よし”(yoshi)也是被认可的。但是“知”读“カズ”(kazu),这个晕倒了一大片人。“知”为什么念“カズ”?没有人知道原因。再一查,人名里念“カズ”的汉字,至少有57个：

一/二/三/五/七/九/十/千/万/壱/叁/円/収/主/冬/会/多/年/每/利/寿/応/良/効/宗/枚/品/孤/政/記/胤/計/重/員/師/息/料/致/航/

般/起/雄/量/運/策/業/種/数/箇/算/雑/影/選/憲/積/頻/麗

可见日本人名汉字的难度有多大。这就如同你新交了一位叫做“やまもと”(yamamoto)的朋友,但你在没有看到他的名片之前,你不知道这位叫做“やまもと”的该用怎样的汉字表示。因为在日本人的姓氏里,“山本”叫“やまもと”,“山元”也叫“やまもと”;“土井”叫“ドイ”(doi),土居也叫“ドイ”。只有看了名片才知道正确的汉字写法。所以日本又是个名片大国的一个原因,也在这里。

日本有一位1981年去世的著名诗人,叫堀口大学。为什么叫这个名字呢?原来他家以前住在东京大学赤门(东京大学本乡校区的一个大红门)前,但却考进了庆应义塾文学部读书,名字就变得有些尴尬了。于是他写诗《某氏的一生》调侃道:赤门前诞生/但被赤门鬼戏弄。中国有“朱门酒肉臭”的说法。日本的原文化厅长官的名字就叫三浦朱门。看来这位长官并不惧怕朱门的酒肉臭,或者他干脆不知道有“朱门酒肉臭”的说法。

漫画家赤塚不二夫在1962年开始连载《阿松》(おそ松くん)。松野家有六胞胎兄弟,不二夫用汉字给他们起名:小松/空松/轻松/一松/十四松/椴松。六位阿松长相相似,名字相似,但性格迥异,非常有趣。小学馆发行的单行本累计发行量超过1 000万册。“六松”也走进了日本的千家万户。

日本人曾经要求增加“腥”字作为人名汉字,读音为“アキラ”(akira)。他们的思路是:能有“日+月”的“明”字作人名,为什么不能有“月+星”的“腥”字作人名?实际上这个“腥”字的“月”字旁,并不是天体的那个“月”,而是“肉”字旁,这个汉字原本表示“生腥臭”。日本人还希望增加“春+心”的“惷”字,读音为“うごめく”(ugomeku)。这个表示“春心荡漾”的字怎么能做人名呢？但日本人就是觉得这个字很奇妙。

实际上，日本各地都有一些生僻的汉字名。就拿关东来说，栃木县有“粂川”；群马县有“毒島”；埼玉县有“御菩萨池”；神奈川县有“一寸木”；千叶县有“鏑木”；茨城县有“曇類鷲”。这个“曇類鷲”属日本人名笔画最多的。

只要看看最近几年日本婴儿起名汉字的倾向，就能明白日本人的心思是何等奇特。

“憂”字令日本人喜欢。如“美憂”。为了减少笔画，不用带人旁的“優”。

“汰”也是最近日本人有感觉的一个字。为什么不是“太”而是“汰”？居然是为了不让小孩发胖。显然这是新的用法。

有连用三个“苺”字起名的。读音为“なりなる”（narinaru）。没有特定的意思，只是想夺人眼球。

有用“一二三”起名的，读音为“ひふみ”（hihumi），但最近有读“わるつ”（warutu）的。

也有用“三二一”起名的。怎么读呢？由于父母喜欢迪士尼乐园（ディズニー/deizuni-），就发“ミニー”（mini-）的音。

日本最长姓名前3：

泽井麿女鬼久寿老八重千代子（奈良县）。

清水子丑寅卯辰己午未申酉戌亥太郎（东京都）。

野田江田富士一二三四五左卫门助太郎（香川县）。

就目前而言，日本最长的姓用了五个汉字：勘解由小路，读音为“かでのこうじ”（kadenokouji）。

11. 倖田來未的“來”字为何有人气?

如前所述,由于“翔”字走红,日本法务省在1981年10月为在1960年代还没有人使用的“翔”字,专门开会追加为人名用汉字。2004年再增加“狼”字,满足了部分日本人的需求,如“太狼”名开始出现。因为日本的狼灭绝较早,狼的身姿和习性不被现在的日本人所熟知,以前的“送狼”用语也成了死词。但动漫里孤高帅气的狼的形象,吸引着日本人,所以用“狼”取名也成了一种时髦。

“苺”的喜人之处在于可爱。特别是日本的女大学生喜欢这个与母亲形象相重叠的汉字。在中国这个字写为“莓”,写法稍有不同,使得日本女生认为“莓”字与“毒”字相近,于是产生了反感。还有“雫”字,表示水滴。宫崎骏在1995年上映的动画电影《侧耳倾听》中,用“月岛雫”为剧中的人物起名。日本的家长们纷纷模仿,也要求给自己的女儿起“雫”名,于是在2004年法务省也批准了该字。

日本人的《户籍法》规定婴孩起名必须是“常用平易”的文字。问题是如何理解“常用平易”。“常用平易”必然要从当用(常用)汉字表中寻找。但汉字表主要针对以法令、公文、报纸杂志的,日本人经常使用的人名汉字“彦/昌/弘”等都没有收录。对此人们意见很大,于是在1951年5月,日本内阁决定在当用汉字以外,再增加92个人名汉字供人们选用。这就是到现在为止婴孩起名必须在当用(常用)汉字表和人名汉字表中寻找汉字的一个依据。

日本人在增加人名用汉字的同时,也推出了“人名用汉字许容字体表”。也就是说容许汉字旧字体使用于人名。如:国→國/為→爲/巌→巖等。日本有一位著名的政治家叫“小沢一郎”,也有著名的指挥家叫“小澤征爾”。一个“沢”字,一个“澤”字,读音相同,写法不同,“小沢”更日本化。日本有著名的女演员叫“萬田久子”。“万”与“萬”有云泥之差。张嘴可以喊“万歳”,但名字要用“萬”字,这样才给人不一般的感觉。日本有著名的播音员叫“櫻井良子”。之所以不用新体的“桜”字,原因就在于旧体的“櫻”字有两个的“貝”,女人当然喜欢被宝贝。日本有著名的作曲家叫“團伊玖磨”。如果有人将他的姓名误写成“团伊玖磨”,他就生气。为什么生气?他说旧体的“團”字里有个“專”字,他喜欢这个字而不喜欢“团”字里的“寸”字。日本有著名的作家叫“内田百閒”,更常用的写法是“間”。“閒”字和“間”字,差异在于“月”与“日”。看来内田喜月不喜日是肯定的。倖田來未是日本著名歌手,她故意不用“来”而用旧体的“來”,使得这个本来已经被日本人忘记的“來”字,一下子人气十足。而且这个“來”与“未”搭配,使得原本的“未来”被颠倒成“來未”,显得更有意味。于是日本人纷纷效仿,冒出不少“山本來未”“森山來未”等。

12. 粪太郎这个名字能用吗?

在日本,叫“岛冈次郎”的人肯定是有的,因为这个姓名太普通了,但是至少在1946年11月17日到2004年9月26日之间出生的人,没有叫这个名字的。因为“岡”(冈)还没有被收录为当用汉字和常用汉字,所以不能用于起名。这个字谁都会读,但在近60年里,就是不能用作人名。这也是日本汉字文化的一大怪。

在当用汉字表公布之后,日本人起名字的时候就必须严格按照当用汉字。当用汉字以外的文字就不能用于起名。于是“亀吉”“鹤子”“虎之介”等都不能用;“伊一郎”可以,但“伊知郎”不可;“正夫”可以,但“昌夫”不可。此外“弘”“浩”“宏”等也都不可,因为当用汉字表未收入这些汉字。

人名汉字还经常遇到常用不常用的问题。“糞/屍/姦/咒/妾”等字在一般书籍里都能看到，当属常用汉字。医学书里的“癌/痔”、小说里的“淫/呪”等也都是常用汉字。但常用就能用于人名吗？父母能用来为孩子起名吗？可以取名为“痔太郎”“癌太郎”“淫子”吗？日本人还真困惑。要是为孩子起名“粪太郎”，这孩子要哭一辈子了。为避免尴尬，日本政府发文规定人名中不能使用这些汉字。于是这7个字被删除了。就在这7个字被删除的第二个月，又有“膿/娼/蔑/肿”等79字被删除。

13．起汉字名的高手是谁？

日本人给孩子起的名字里有很多连日本人也读不出的汉字组合。如和奏、风水、明良向、风空士、星凛、清枫等。看上去很独特，但如果没有标音，没有人会读。如“风水”读成“かずい”，有谁会读呢？

如果要问在日本起汉字名的高手是谁的话，答案会是什么？是在本能寺被一把大火烧死的织田信长吗？他曾经给自己的11个儿子起了这样的名：奇妙/茶筅/三七/次/坊/大洞/小洞/酌/人/良好/缘。但日本人说，织田信长排不到第一。能排到第一的是谁呢？日本人说是陆军军医、小说家森鸥外。森鸥外曾经在德国留学四年，深感自己的本名“林太郎”（鸥外是他的号）发音之难，外国人很难模仿，于是采用欧化的汉字名一直是他的追求目标。看看他五个孩子的名字：

於菟——Otto

茉莉——Marie

杏奴——Anne

不律——Fritz

類——Louis

特点是发音短，发声响亮，与西文的名字很契合。再看看森欧外孙辈们的名字，能让人切实感到他的"遗产"：

真章——Max　富——Tom　礼於——Leo

樊須——Hans　常治——George　菴——Jacques

亨——Thor　五百——Io

此外，在日本用汉字模拟的西文名字还有"撒母耳/安士礼/宇意里/具里梦/序世夫"等。

这就如吉田兼好在《徒然草》里说的，人名要闪亮，要引人注目。

日本富士电视台在2013年的节目"崭新婴儿名"里，披露过一些闪亮的女孩名：

姫星——きてい/kitei　七音——どれみ/doremi

金星——まあず/maazu　美姫——みっふぃー/mituhui-

桃色——ぴんく/pinku　聖碟——あげは/ageha

夢民——むーみん/mu-min　心粋——こいき/koiki

歌楽——から/kara

闪亮的男孩名是：

光宙——ぴかちゅう/pikatyun　大熊猫——ぱんだ/ponda

雷音——らいおん/raion　本気——まじ/maji

熱寿——ひいと/hiito　幸生大——しいた/shiita

而日本小学馆发行的周刊杂志《邮报》2017年年初的一期的人名记载如下：

皇帝——しいざあ/shiizaa　男——あだむ

礼——ぺこ/peko　総和——しぐま/shiguma

緑輝——さふあいあ/sahuaia

爆走蛇亜——ばくそうじやあ/bakusoujyaa

Δ□一——みよいち/miyoiti

你看,"Δ"与"□"的符号也出现了。难道这些符号也是汉字吗? 日本确实是将"卍"(マンジ/manji)视为汉字的: 部首为十,笔画六,表示寺院地图标示以及家纹文样等。谷崎润一郎表现男女爱欲情事的小说《卍》,标题的卍则是功德圆满的意思。"0"也是汉字,不读"まる"(maru)读"ぜろ"(zero),与〇(圆圈)相似。

14. 搞笑取乐的日本人名

随心所欲玩汉字,起名字闹出笑话,也是日本人经常面临的一个尴尬。"花子"在中国意味着"乞丐"。"麻衣"的名字在过去的10年间都是进前10的,但在中国"麻衣"则让人联想到葬礼时穿用的服饰。因为中国有"披麻戴孝"的成语,说的就是身披麻布服,头上戴白,表示哀悼。这恐怕是日本人做梦也没有想到的。"龟太郎"也是祈求长寿的人名,过去的日本男人很喜欢这个名字。但"龟"在中国则是"乌龟"的意思。"我孫子",中国语的语感是"你是我的孙子"。如是这样,这可是个骂人话了。但日本人能明白这个隐语的深层吗?"雛"这个汉字,令中国人想起"雏妓"。

此外,诸如"鬼頭""能活""百目鬼"等名字第一次出现在电视画面时,也曾引起中国人的极大好奇。如以前日本国家足球队的守门员就叫川口能活。在中国这些汉字组合成人名是绝对不可能的。此外,还有一些是日语方面的禁忌。如"早世",其含义就是早死与夭折;"心中",其含义就是一同自杀或情死;"里子",其含义就是寄养的孩子。日本人常吓唬调皮的小孩说"里子に出す"(送给他人寄养)就是这个意思。

日本人的姓氏种类很多,至少在12万种以上。而在韩国,金、李、朴占了全体国民姓氏的45%。美国最多的姓氏是Smith、Johnson、Brown、Williams等,其中Smith(史密斯)最多。日本的姓氏中来源于地名的最多,如青山、藤冈、松原、清川等,非常文艺。当然,姓氏中的珍奇异物也很多,如"四月朔日""月见里"等。富山县新凑市有很多珍稀的姓,如"海老/米/牛/飴/石灰/鵜/菓子/酢/鈎/機/味噌"等。

日本人通过对3 000万人的姓氏做调查发现,姓氏中使用最多的汉字是"田"字,共有4 641 468人的姓氏含有"田"。这个结果显然是与日本的稻作文化相一致的。从比例看,每7个日本人中就有一人的姓氏里包含"田"字。排第二位的是"藤"字,2 255 121人;第三位是"山",2 194 126人。此外"野/川/本/村/井/中/木/小/原"等字,使用者均超过了百万人。日本人姓氏中的汉字搭配,有的非常有诗意,有的就令人无法理解了,这只能归结于日本姓名汉字文化的多样性和趣味性。比如在《古事记》里,有粗粗一看像和歌的句子:正勝吾勝勝速日天之忍穂耳命。再仔细一看,这是名字,神的名字。这个名字的大意是:肯定会胜,我会胜,像日出一般地快速取胜,天的稻穗之子孙。这个神的名字真是好长啊。

15. 戒名——花钱玩汉字

众所周知,和尚出家要上法号。但在日本,人死后也必须起个法号。法号不能自己随意取,必须由出家人起才吉利。这里的法号也叫戒名或法名。按照曹宗洞的僧侣千代川宗圆的说法,戒名就是去阴间的护照。

日本最初获授戒名的是奈良时代的圣武天皇,其戒名是"胜满"二字,很简洁。是谁授予这位天皇戒名的呢?是当时唐朝的高僧鉴真和尚。平安时代享尽荣华富贵的藤原道长的戒名也是两个字“行宽”。不过这二人都是在生前出家时得到了戒名，与现在人死后给予戒名，性质上是不一样的。

日本江户幕府的开创者德川家康的戒名：安国院殿大相国德莲社崇誉道和大居士。这是日本目前为止最长的戒名。

日本前首相田中角荣的戒名：政觉院殿越山德荣大居士。

日本著名漫画家手冢治虫的戒名：伯艺院殿觉圆虫圣大居士。

日本电影大导演黑泽明的戒名：映明院殿纮国慈爱大居士。

日本大相扑横纲贵乃花的戒名：双纲院贵关道满居士。

日本作家山田风太郎的戒名：风风院风风风风居士。

日本杀人魔王织田信长的戒名：总见院殿赠一品大相国泰岩大居士。

日本有伏尔泰之称的福泽谕吉的戒名：大观院独立自尊居士。

日本大文豪夏目漱石的戒名：文献院古道漱石居士。

日本国民歌手美空云雀的戒名：兹唱院美空日和清大姉。

在日本，起戒名要花钱，这是常识。但是要花到什么程度，则是一般人无法想象的。基本行情，院殿号是100万日元以上；院号是50万到70万日元；信士信女是10万到20万日元；童士童女是3万日元以上。可见，日本人是在花钱玩汉字，即便在死后也不忘玩一把汉字的魔方。

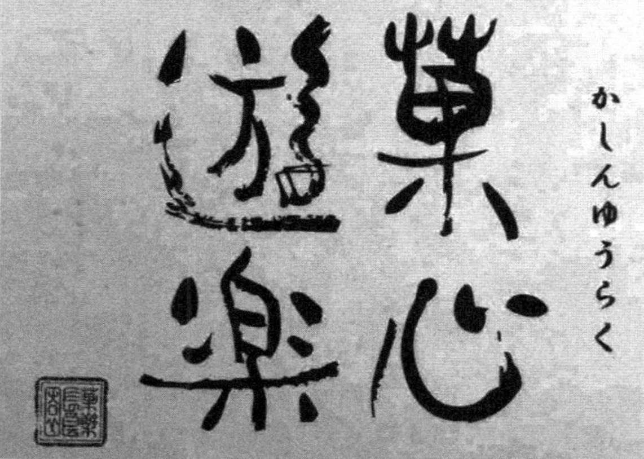

精美点心盒上的四个书法字："菓心遊楽"。真的看不出谁是汉字的本家了。

招人广告。有趣的是和式汉字。"中高年"——我们是中老年；"若手"——我们是年轻人；"未经验"—— 我们是无经验；"美筑"——我们是完美建筑。此外还有"固定给/步合/手当/社宅"，都是我们"未经验"过的词语。

日本人玩“优”字。这个“优”强调的是优先而不是优秀。优先让座，优先他人。哦，原来是电车里的公益广告。

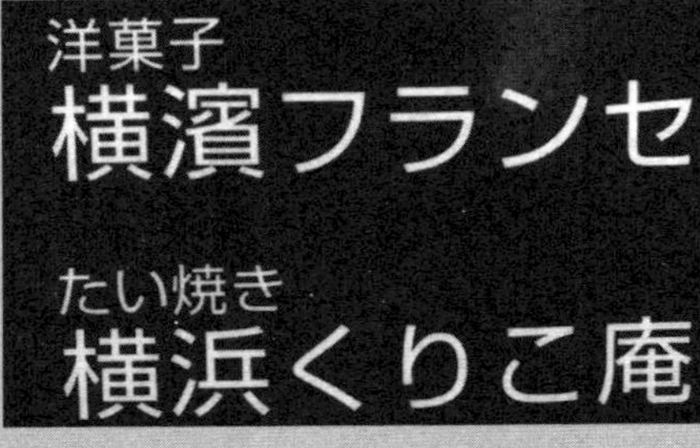

一家超市同样的柜台，横浜的写法就不同。浜/濱，一个新一个旧。用旧字的厂家是生产西式点心的，用新字的厂家是生产和式点心的。两个字，哪个更优雅些呢？还有“国”字。弃“国”用“國”，英国屋的生意就会好起来？有趣，汉字成了营销手段。

咖啡。日本用王字旁表记“珈琲”，有一种怀旧的高档感。当然，日本人用不同文字表记咖啡店，也是大街上的一景。

お土産を多数、取り揃えております

I have a lot of souvenirs in our store

在本店，凑齐许多土特产

저희 가게에서는, 선물을 많이 갖추고 있습니다

立入禁止，日本人将其翻译成了“没有擅入”。将“本店有备有许多土产”翻译成了“本店凑齐了许多土产”，将“这里禁止扔垃圾”翻译成了“这里垃圾扔掉并且不是地方”。看来，日本人并不是个个都是玩汉字汉文的高手。

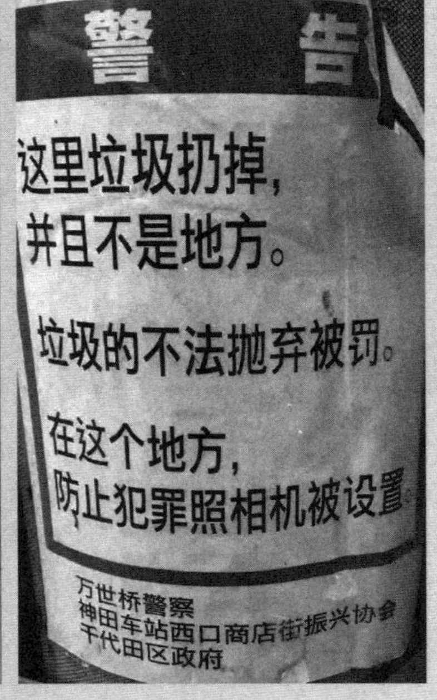

但“自动体外除颤器”“候车室”的翻译就没有问题了。可能请中国人来把关了。“路上吸烟禁止”虽然意思也明白，但不是中文的语序。动词应该放在名词前面，变成“路上禁止吸烟”才对。

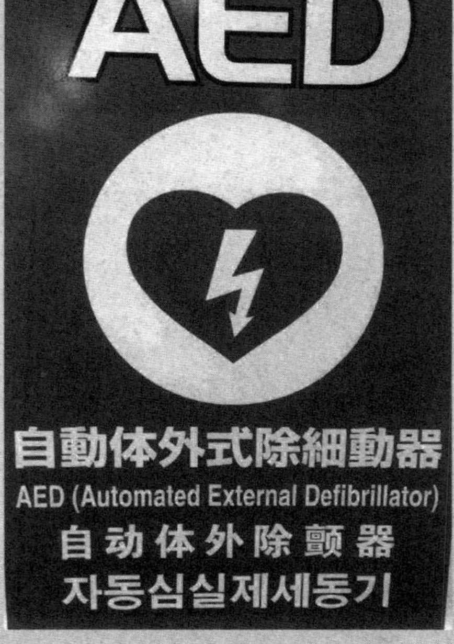

据说这是最难写的汉字了。60画。汉字之最。

税拔。这是中文里没有的日语汉字。不含税的意思。

上演汉字秀最好的标本就是日本酒了。你看，“传心/龙力/一本义/老松/八海山/水尾/千福”，真是汉字接力赛。

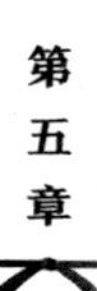

第五章 脚底到舌尖：鱼旁汉字知几何

1. 中国“鱼”汉字的820

“鱼”汉字是指鱼旁的汉字。甲骨文里出现的张着凶猛虎口的“鱼”形，是史上最早的“鱼”汉字。金文里的鱼字将鱼头和鱼尾简化成“人”形，金文里也多了鱼字旁的人名，如“鲜”“鳏”“鲧”等。但那个时候的金文里还没有鱼类的名称。

诞生于周初期的《诗经》，出现了包括“鲤”字在内的11个鱼旁汉字：鲂/鳏/鱮/鳟/鲿/鳢/鰋/鲤/鳣/鲔/鲦。诞生于战国时代（公元前5世纪至公元前3世纪）的辞书《尔雅》，则开始分类解释汉字，如释草、释虫等。释鱼的鱼旁汉字有44个。下面是按照时间顺序排列的中国字书里出现隹旁汉字的统计数。

100年《说文解字》收录9 353字，鱼旁汉字117字。

997 年《龙龛手鉴》收录 26 400 余字，鱼旁汉字 318 字。

1013 年《大广益会玉篇》收录 28 989 余字，鱼旁汉字 320 字。

1067 年《类篇》收录 31 319 字，鱼旁汉字 406 字。

1615 年《字韵》收录 37 179 字，鱼旁汉字 487 字。

1716 年《康熙字典》收录 47 000 余字，鱼旁汉字 633 字。

1915 年《中华大字典》收录 48 000 余字，鱼旁汉字 596 字。

1993 年《汉语大字典》收录 56 000 余字，鱼旁汉字 719 字。

1994 年《中华字海》收录 85 000 余字，鱼旁汉字 820 字。

以上是中国字书里的鱼旁汉字数。这里留下一个问题，1915 年《中华大字典》的鱼汉字数，为什么还没有 200 年前的《康熙字典》的多？难道是《康熙字典》里的鱼字数掺假？还是《中华大字典》收集能力有限没有一网打尽鱼旁汉字？这有待研究者们进一步研究了。

再来看看中国本草书里鱼旁汉字的字数情况：

中国第一部本草书《神农本草经》，收鱼旁汉字 4 字。

六朝梁陶弘景的《本草经集注》，收鱼旁汉字 13 字。

唐朝孟诜的《食疗本草》，收鱼旁汉字 19 字。

宋朝唐慎微的《证类本草》，收鱼旁汉字 27 字。

明朝李时珍的《本草纲目》，收鱼旁汉字 40 字。

《说文解字》里对鱼的注解是："水虫也。象形。鱼尾与燕尾相似。凡鱼之属皆从鱼。"

《诗经》里最具影响力的一首鱼歌是："衡门之下，可以栖迟。泌之洋洋，可以乐饥。岂其食鱼，必河之鲂？岂其取妻，必齐之姜？岂其食鱼，必河之鲤？岂其取妻，必宋之子？"其中有两句"岂其食鱼，必河之鲂？""岂其食鱼，必河之鲤？"，意思是说我们吃鱼，非得要吃黄河里的鲂鱼与鲤鱼吗？引申出来的话题就是：我们娶妻一定要娶齐国的姜姓女孩？非常有趣。

2． 日本鱼汉字的683

在日本，鱼有三个发音："ギョ/うお/さかな"(gyo/uo/sakana)。

什么时候读"ギョ"？什么时候读"うお"？什么时候读"さかな"？这还真的是一门鱼学问。

比如"鱼市场"，这里的"鱼"读"うお"；"鱼料理"的"鱼"读"さかな"。日本有恐怖漫画家之称的伊藤润二的漫画《ギョ》，就是鱼。

我们按照文献的年代顺序来看以下日本字书里的鱼旁汉字：

830年《篆隶万象名义》(空海)，收录鱼旁汉字218字，但是没有训读的鱼旁汉字。

892年《新撰字镜》(昌住)，收录鱼旁汉字291字。带有训读的是78字。

918年《本草和名》(深根辅仁)，收录鱼旁汉字78字。

934年《和名类聚抄》(源顺)，收录鱼旁汉字63字。

1081年《类聚名义抄》(著者不明)，收录鱼旁汉字371字。

1164年《色叶字类抄》(桥忠兼)，收录鱼旁汉字123字。

1394年《倭玉篇》(著者不明)，收录鱼旁汉字162字。

1444年《下学集》，收录鱼旁汉字65字。

室町时代的《节用集》，收录鱼旁汉字54字。

江户时代的《书言字考节用集》，收录鱼旁汉字208字。

1612年《多识篇》(林罗山)，收录鱼旁汉字77字。

1691年《增续大广益会玉篇大全》(毛利贞齐)，收录鱼旁汉字

577 字。

1694 年《倭尔雅》(贝原好古),收录鱼旁汉字 53 字。

1959 年《大汉和辞典》(诸桥辙次),收录鱼旁汉字 683 个。

显然,《大汉和辞典》是日本迄今为止收录鱼旁汉字最多的辞书。在数量上不及中国的《汉语大字典》(鱼旁汉字 719 个)和《中华字海》(鱼旁汉字 820 个)。后来筱崎晃雄编著的《有趣的鱼的杂学》(1982 年)里,收录了鱼旁汉字 1 006 个。这是迄今为止网罗得最多最全的记录。另外值得一提的是,日本人造的鱼旁汉字的数量也大大超过了中国。

3. 淡水鱼汉字与海水鱼汉字

《诗经》里出现的 11 个鱼旁汉字所表示的鱼都是淡水鱼,没有一个是海水鱼。虽然出现了鲂、鲔、鳟、鳢等在日本属于海水鱼的汉字,但在当时的中国都是指淡水鱼。江户时代的贝原益轩在《大和本草》里也说,本草所载诸鱼品种中,海鱼少,录入得最不详细。

日本鱼旁汉字的一个显著特点就是自己造的国字多。按照江户时代的新井白石在《同文通考》里的说法:国字是本朝造,异朝字书里找不到,而且一般使用训读而不是音读。他当时在书里就认定了 25 个鱼旁国字,如"鰚、鰯、魞、鯤、鱈、鮱、鰰、鰔、鮲、鰙、鱇、鰭、鮗、鯤、鯲、鱜、鯑"等。但后来发现中国的辞书里已经有"鰔"和"鯏"二字。这种与中国已有的汉字相遇的现象,日本语言学者加纳喜光把它定义为"半国字"。这位学者就日中鱼汉字归纳了以下六种模式:

纯国字——如"鮗/鮲"等。

半国字——如"鰆/鮃"等。

含义不同的汉字——如"魴",在日本曾表示"アユ"(ayu)(鮎)、"マ

汉字力

ス”(masu)(鳟)等。

传来传去的汉字——如“鳕”,最初是日本的国字,然后传入中国,再传入日本。

中日共通的汉字——如“鲤/鲸/鳗/鲋”等。

中国专用汉字——如“鲃/鳍/鲅”等。

从文字造型的特点来看,中国人重形,强调视觉符号。这在鱼造上最为明显。如鳗鱼的“鳗”,从鱼的形状来看,似绳草状。滑溜溜的不停地向前方延伸,脑海里便会出现“曼”的汉字形象——长长的细细的。于是鱼+曼,“鳗”字出世。这是大脑形象与语言形象重叠后的高端“产品”。

日本人则比较重视陈述事实——故事、信仰、渔期、味觉等的综合表现。如日语叫做“タラ”(taru)(鳕)的鱼,多雪的冬天属于捕捞的旺季,于是创造出“鱼+雪”成为“鳕”。也就是说,日本人重会意。日本人会意造鱼字最得意的当属“鰯”字。

4. 日本最古老的国字——鰯

日本平安初期编撰的《新撰字镜》(892 年前后)中,已经收录不少鱼字旁的国字。比如当时虽然还没有“鰯”(中文为沙丁鱼)这个字,但是有鱼旁加“庶”字,读音为“以和之”,与“鰯”的现代发音“イワシ”(iwashi)非常接近。为什么要写成鱼字旁加与“庶”字呢?日语学者分析说,这或许是当时人将这种鱼看成是低档次的下等鱼有关,也可能是与这种鱼大批洄游的习性有关。但这个写法很快就消失了,取而代之的是“鰯”字。934 年编撰的《和名抄》里已经将“鰯”字收录其中。在 1988 年发掘“长屋王家”时,在发掘到的资料里发现了“鰯”字。这就把日本国字创造的时间向前推进了 200 多年。

长屋王是持统朝代的太政大臣，是高市皇子的长子、天武天皇的孙子，在朝廷里担任左大臣。在729年被诬陷为篡夺皇位，犯了所有罪名中最大的罪——不敬罪。朝廷派人包围了长屋王的住宅。他和妻儿全家自杀，享年54岁。长屋王的住处在哪里一直是个谜。直到1986年才出现转机。当时因为要建百货商店，开发了平城宫东南地带，发现了3万件以上的木简。时间跨度从710年到717年。在这些木简中，有很多从中国传来的汉字，如“鲹/鲋/鲇/鲷”等，也有中国没有的汉字，如“鰯”。木简上记有“鰯五只”等字样。

这样看来，“鰯”是日本史料里记载的最早出现的国字（前面提及的“鱼加庶”字，时间不长就被“鰯”字所替代，所以日本学者都认为“鰯”字为日本最早国字）。人见必大在《本朝食鉴》（1697年）里将鰯定性为：柔弱，易腐。稍后的新井白石在《东雅》（1717年）里就直说“鰯”就是弱的意思，只要一离开水，即刻就死。这就像鲣鱼附上“坚”字一样，因为鲣鱼的生命力在鱼类中属于旺盛的。但也有别的说法。贝原益轩在《日本释名》（1699年）中说，“鰯”的意思下贱的鱼，因为它是其他鱼的饵料。据说紫式部偷吃了“鰯”，留下被夫君斥为下贱之人的趣话。但木简的发现表明，贵人云集的皇宫中也在享用这种鱼，说明它并不下贱。日本人造的这个国字，不久也传到了中国。现代中国的辞书里也收录这个字了。

说到“鰯”，还必须再说“鰮”字。这个字读音也是“イワシ”。为什么同一个读音会有两个不同的汉字呢？这是同一种鱼还是不同的鱼？从时间上来说，“鰮”字出现很晚。在“鰯”字诞生900年之后的江户时代，中村惕齐的《训蒙图韵》（1666年）里第一次出现了“鰮”字。贝原益轩在《大和本草》中，也是依据中国明朝的《闽中海错疏》中所记载的“鰛与马鲛鱼相似，有鳞体小”的出典，认定“イワシ”的汉字表示就是“鰮”。

但后来又有学者认为,从用例上来看,将"イワシ"断定为"鰮"是有难度的。如同样是明代的《本草纲目》中记载沙鰛是淡水鱼,是鲨的别名。日本学者认为,这里的"鲨",日语读音为"カマッカ",这个读音应该表示为"鰮",意思是沙石里潜伏的鱼。

活跃于大正时期的童谣女诗人金子美铃,有一首著名的《大渔》诗。其中写道:

朝焼小焼だ/大漁だ/大羽鰮の/大漁だ

这里的"鰮",标注的假名发音就是"イワシ"。这样来看,至少到昭和初期为止,"イワシ"还是用"鰮"来表示的。谷崎润一郎写于1936年的小说《猫和庄造和两个女人》中,描写到阪神电车沿线的海边捕鱼情景时,用了渔民们欢快的"鰯の取れ取れ"的语句。这里谷崎没有用"鰮"而用了"鰯"字,表明从"鰮"到"鰯","鰯"字已被认可。

5. 鰆是"回故乡"的"鱼汉字"?

鱼旁加春为"鰆"。日本古来就将鰆鱼视为报春的喜庆之鱼。日语读音为"さわら"(sawara)。鰆鱼在西日本属于春天的时令货,尤受欢迎。红白喜事少不了鰆鱼上桌。鰆鱼也是怀石料理用材,鱼身呈细长形,嘴尖,口部斜面向上。背呈青灰色,光泽耀眼。产卵时期,闪入濑户内湾。

在日本,鰆字最早出现在1081年平安末期编纂的《类聚名义抄》中。日本有学者说这个字是和制汉字,但是后来发现中国在1037年编撰的《集韵》和1067年编撰的《类篇》里出现了这种鱼名。明朝编撰的《正字通》(1672年)有记载:"鰆音为春。海鱼。春来。"

这种鱼日语叫做"さわら",在中国则称为"马鲛鱼"。明代冯时可的

《雨航杂录》里记载:“马鲛鱼形似鳙,味如鲳。一说社交。”这里所谓的“社交”是指春天祭祀土地神的活动。这种鱼也总是在这个祭祀时期出现,所以“さわら”亦称之为“社交鱼”。对此有日本学者说,虽然中国人认识到了这种鱼是春天的鱼,但造出这个“鰆”字的还是日本人。鰆是“回故乡”的汉字。

鰆在日本关西属于高级鱼。有一句话说鰆的价格由冈山来决定,表明这种鱼在冈山县更受欢迎。濑户内海捕获的新鲜度高的鰆鱼做成的生鱼片,在江户时代就已经非常有名了。此外,鱼一般都是头部比较美味,但鰆鱼则是尾部比头部美味。品尝头尾不同的味道,也是食鱼民族日本人的一大乐趣。

“鰆鱼报春”自然是没有问题的。但是日本还有一种叫做“ニシン/nishin(鯡)”的鱼,它的别名直接就写作“春告魚”。为了定夺“鰆/鯡”与春天的关联性,鱼类学家们大为忙碌了一番,最终以带“春”字具有“优先权”为由,判定“鰆”为报春鱼。这当属日本鱼类汉字史上有趣的佳话。

6. 寿司·寿し·すし·鮨·鮓

走在日本的大街小巷,到处可以看到日本寿司店招牌的不同汉字表示。

鮨/鮓/寿司/寿し/すし

“○○鮨”

“△△寿司”

“すし□□”

“×× 寿し”

令人眼花缭乱。

用日本全国寿司连合会(简称“全寿司连”)的话说,日本全国各地的寿司店表示混乱,都道府县的寿司连合会的表示也混乱。如北海道是“北海道鮨商生活衛生同業組合”,用了“鮨”字;东北的青森县和福岛县用了假名“すし”;同样在东北的宫城县用了汉字“寿司”;在关东,群马县、埼玉县、神奈川县和东京都用“鮨”字,茨城县和千叶县用假名“すし”,栃木县用汉字“寿司”。从统计结果看,各都道府县用“鮨”最多(20),其次是“すし”(17),再其次是“寿司”(4),最后是“鮓”(1)。从分布情况看,“鮓”大都集中在西日本,“鮨”大都集中在东日本。

银座一丁目的“すきやばし　次郎”就是寿司之神小野二郎的店。但店名既没有“寿司”二字,也没有“鮨”字。日本网站上列出了银座20家寿司店,店名用“鮨”的是10家,如银座七丁目的“鮨竹”,银座六丁目的“鮨　太一”、“鮨　青木”等;店名用“すし”的是五家,如银座一丁目的“すし家一柳”,银座七丁目的“すし善”;店名用“寿司”的只有一家,银座六丁目的“银座寿司幸本店”。还有在东京的大街上经常看到的“天下寿司”“すし三崎丸”这两家连锁店,就是各自表示的典型。

2016年年初,日本网上有个“寿司用语”频度的调查。从调查的结果看:将做寿司的师傅的职业名称写成“寿司職人”的有22万例,写成“すし職人”的有55 500例,写成“鮨職人”的有22 800例,写成“鮓職人”的只有14例,表明在日本寿司行业用得最多的还是“寿司”,用得最少的是“鮓”。

“鮓”,原本是指用鱼、盐、米乳酸发酵后的食品。江户时代中期,带有酸味的食物叫“すし”。“鮓”的用例有“熟鮓ずし”“鮒鮓ずし”等。

“鮨”,原本在中国带有咸辣的腌鱼叫鮨。而现在的日本,“鮓”与“鮨”都用来表示“すし”。“鮨”的用例有“握り鮨”“押し鮨”等。

“寿司”的写法，来自“寿を司る”“寿词”等词，是比较吉利的文字组合。当时向朝廷进贡的物品中有一品是“すし”的话，就用吉利的“寿司”二字。与寿司组合的文字有“回転寿司”“巻き寿司”“ちらし寿司”等。1848 年编撰的《江户名物酒饭手引草》中，记载了当时江户共有 95 家寿司店，但以“寿司”为名的只有两家，绝大多数都是用“鮨”字为店名。

这里要指出的是，“鮓/鮨”这两个汉字都是来自古代中国。汉字传到日本后，日本人借用这两个汉字来表示“すし”。

此外，为了强调“すし”本身所具有的酸味，日本人有时也写成“酸し”。

7．日本苹果电脑能打出 160 个鱼旁汉字

在 1946 年颁布的当用汉字表中，规定了鱼类名必须用片假名来表示，如クラゲ（水母）、イカ（乌贼）等。1981 年的常用汉字表，也仅有“鮮”与“鯨”两个鱼旁汉字，而且“鮮”并不是鱼名，“鯨”也不能说是一大鱼类，所以从这个意义上说鱼旁汉字一个也没有收录。但作为人名用汉字的鱼旁字倒有三个：鮎、鯉、鯛。其他的鱼旁汉字只能在文学作品中或寿司店看到。2010 年的常用汉字表也没有使这个状况得以改观。现在，日本苹果电脑自带的鱼旁汉字是 160 个，比如说有：

鰘鯳鰰鯱鮴鱺

鮖鱜鯲鯤鱇鱸

鮲鯑鮗鰙鰯鱎

鱪鰔鱈鮱鰚鱆

[illegible]鯀魞鱁鰷鱅

鱩鱠鱣鱚鱓鱒

鱂鱶鱵鱲鱭鱐

汉字力

明治时期的文化名人涩泽敬三在《日本鱼名集览》和《日本鱼名研究》里写道,“鰤”有96种地方名。而在鱼类学者辛川十步的《鰌乃方言》中记载:有关“川鱼鰌”的方言说法有4 794种,如“鰌虽小也算鱼”。真不愧是“鱼汉字”大国。

“鰊/鰺/鯖/鰈/鱶/鱒/鮪/鱧/鮒”。像这样的鱼旁汉字,有时日本人也念不出来,因此他们就干脆标假名。此外,鱼名与季节相关,也是日本鱼汉字文化的一个特点。如“秋刀魚、鰍、鮗、鰆”等。《诗经》里有“鮪”字,但日本人拿来指代金枪鱼了。“腐っても鯛”(瘦死的骆驼比马大),“鯖を読む”(打马虎眼),“鰯の頭も信心から”(世上无难事,只怕有心人),这些出现鱼的熟语,在日语里就更多了。

日本作家村上龙在一篇短篇小说中发问:临死之前可以吃三个寿司,你会选什么?

是金枪鱼中肥、海胆、鲑鱼?还是金枪鱼赤身、星鳗、鲑鱼子?或者干脆是鲣鱼、白鱼、比目鱼?青春、无知、又有点虚荣的17岁的女孩,会如何选择呢?寂寞、寂寞还是寂寞的单身女,会如何选择呢?孤独、孤独还是孤独的离婚男,会如何选择呢?这味觉的隐喻,便是“人之初”的隐喻。但绝不是“性本善”的隐喻。性本善遭遇生鱼片,会在带点生命的味道也带点海腥味的面前,害羞与脸红。痛楚与快感是一枚铜板的两面。人之初与性本善则是生鱼片的两面。

8. 日本地名的汉字秀

日本南北长3 000公里。国土面积37万平方公里,居世界第62位。山峦起伏,平原开阔;川流湍急,海水滔滔。全国共47个都道府县,约1 719个市町村。从地名来看,北海道有阿伊奴人的痕迹,如“音威子府”

“比布”“長万部”等就是阿伊奴语发音的地名。冲绳也有很多很少见的汉字发音用于地名,如“北浜”“豊見城”“大家”。新潟県还有一个“胎内市”,当地人完全不觉得有什么怪异之处。

日本47个都道府县的名称,大多是二字组合,不是二字的只有北海道、神奈川县、和歌山县和鹿儿岛县这一道三县,其余的都是两个汉字,如千叶、群马、栃木、长野、奈良、三重、福冈、山梨等。栃木県的“栃”字是日本的国字,平安时代写成“杤木”。“杤”的发音为“とち”(toei)。这个读音转换成万叶假名,其汉字就是“十千”。十乘以千等于“万”。在中国这个字写成“櫔”。江户时代的汉学家就用这个汉字书写地名。明治维新实施废藩置县,这个地名升格为县名,于是将平安时代的“杤”字与中国的“櫔”字组合起来,造出了现在的“栃”字。2010年的常用汉字表收录了这个汉字。这年的常用汉字表还收录了茨城县的“茨”字、冈山县的“岡”字、埼玉县的“埼”字、爱媛县的“媛”字、岐阜县的“阜”字。常用汉字表还有一个亮点就是增加了许多动物的名称。如“虎/亀/鶴/熊/鹿”等。“虎亀鶴”之所以选上,是因为日常生活中使用频率较高,而“熊鹿”之所以选上,显然是沾了熊本县和鹿儿岛县的光。不过,同为动物,“鷹”与“狼”等最终没有能入选常用汉字。这让带有“鷹”字的城市颇为不满。如东京都三鹰市就是其中之一。三鹰市负责城市形象推广的官员表示,他们将联手北海道鹰栖町,为“鹰”字入选造势。

日本的都道府县为什么大都是两个汉字呢?这要追溯到奈良时代的713年(和铜六年)5月,当时在位的女帝元明天皇发出“好字二字化令”诏书,命令畿内七道诸国的郡乡用好字。《延喜式》也下达了官方的规定:凡诸国的乡里之名必取嘉名。“好字”或“嘉名”是受中国瑞祥思想的影响。当时日本的学习对象是唐朝,所以地名也要像唐朝一样选用两个汉字，如长安、洛阳等。于是日本的七道诸国都根据这个“化令”将郡名、里名改为两个吉利的字，并使其固定下来。于是出现了：

倭→大倭→大和

泉→和泉

上毛野→上野

筑紫道前口→筑前

近淡海→近江

磯城島→城島

小丹生→遠敷

还有诸如“明日香→飛鳥、无邪志→武蔵、林→拝志、上→賀美、中→那賀、下→志茂”等都属于好字。读音也为此也发生了变化。如“飛鳥—アスカ/asuka、春日—カスカ/kasuka、日下—クサカ/kusaka”等读音就是在那个时候定型的，至今未变。东京都有一条主要的大道就叫“春日通”（カスカどおり）。

日本地名的汉字秀有时还表现在趣味性上。如：

地名中有日本国字样：山形県鶴岡市大宝寺字日本国。

32个汉字组合一个小地名：京都府京都市東山区三条通南裏二筋目白川筋西入二丁目南侧南木之元町。

六连“志”的汉字地名：鹿児島県志布志布志布志町志布志。

连用三“市”的地名：兵庫県南あわじ市市市。

连用三个“神奈川”的地名：神奈川県横浜市神奈川区神奈川。

写入东京三个繁华地的地名：福島県東白川郡鮫川村赤坂中野新宿（赤坂、中野、新宿都是东京的繁华街）。

一字地名的前三：广岛县神石郡神石高原町的“李”（すもも/

sumomo)、福井县吉田郡永平寺町的“轟”(どめき/domeki)、栃木県足利市的“県”(あがた/agata)。

日本难读的汉字地名前十名：老者舞、局局、五十子、斑鳩、交野、喜連瓜破、等々力、鹿骨、百舌鳥、二弁当。

石川县七尾市的“七尾”二字来自山顶的七个尾根(在日语中，山脊被称为“尾根”，七尾是指用来形容石动山的七个山脊)：菊尾、亀尾、松尾、虎尾、竹尾、梅尾、龙尾。富山县高冈市的“高冈”二字，来自《诗经》中的“凤凰鸣矣于彼高冈”。

滋贺县犬上郡多贺町有一个江户时代就有的地名“妛原”。以前也有写作“山女原”的。而“山女”则是平安时代就有的熟语。“妛”这类字被日本的语言学家笹原宏之称为“幽灵文字”。JIS 汉字里收入了这个“妛”字。

飘逸着色香味的汉字地名日本也有不少。如奈良的“明日香”、东京的“青山”、京都的“舞鹤”、北海道的“富良野”、富山的“白川乡”、镰仓的“雪之下”。当然，长野的“青鬼”、岐阜的“尻毛”、北海道的“发寒”则是另外一种感觉。而小樽市的“忍路”，爱奴语的意思就是“像屁股那样的凹陷低洼地”。

9．“驫”→笔画最多的汉字站名

用汉字起车站名，是日本人最能发挥汉字思维的一个地方。

在日本的外国人，最能体验到日本铁道文化就像日本美少女文化一样，是如此令人喜爱并深入人心。这种令人喜爱与深入人心除了铁道本身以及周边产品所构筑而成的不同的人文景观之外，日本铁道的车站名无疑也起到了锦上添花的作用。

日本铁道站名首先表现了用汉字表示的诙谐心思。如：

名古屋名铁常滑线有“道德”站名；

名古屋铁道名古屋本线有“前后”站名；

青森县的JR八户线有“大蛇”站名；

北海道的JR室兰本线有“母恋”站名；

福冈县的JR筑丰本线有“天道”站名；

山梨县的JR身延线有“国母”站名；

兵库县的JR山阴县有“养父”站名；

岐阜县的明知线有“极乐”站名；

静冈县的大井川铁道有“地名”站名；

名古屋铁道揖斐线有“尻毛”站名；

广岛县的JR福盐线有“上下”的站名；

岛根县的北松江线有“美谈”的站名；

爱媛县JR留萌本线有“增毛”的站名；

千叶县的JR常盘线有“我孙子”站名；

埼玉县的西武池袋线有“小手指”站名；

大阪市营地下铁谷町线有“喜连瓜破”站名。

高知县的阿佐线有“和食”站名。但这里的“和食”不念作“わしょく”(wasyoku)，发音为“わじき”(wajiki)。

这些站名，对汉字发源地的中国人来说，真是既好玩又好笑。

青森县的JR五能线有个叫“驫木”的站名。用三个繁体“马”字叠成的“驫”字共有30画，这是日本迄今为止笔画最多的秘境小站。小站面朝日本海，属全日本最靠近海平面的车站。日本最短的站名只有一个汉字，发音是一个音节，就是三重县的JR东海·近铁·伊势铁道的“津”

站，读音为“つ”。汉字和假名都是一个字，但是若用罗马字表示的话，则是三个字“Tsu”。看罗马字名称的话，就既成不了世界第一短，也成不了日本第一短。因为日本JR山阴本线有一个“饭井”站，罗马字表示为“Ii”。于是津市的有关部门脑筋一动，将“Tsu”改为一个字母“Z”，并将这个字母“Z”念为“つ”。这就成了日本最短的站名，当然也成了世界最短的车站名。日本最长的站名是南阿苏铁道高森线的“南阿苏水の生まれる里白水高原”，汉字带假名为14字。这14字的站名如果都用假名表示的话，就是“みなみあそみずのうまれるさとはくすいこうげん”，总共22个字，当属日本第一。

10．一字站名是在玩寂寞感

日本有些站名的读音与常用日语词汇读音相同，于是出现了这样一幕：高知县的JR四国线有个车站，汉字表示为“後免”，读音为“ごめん”。这个读音正好与日本人常用的“ごめん”（对不起）相同。乘务员每天报站名“次は後免、ごめんです”，就像每天向乘客致歉对不起，给人一种谦卑的感觉。滋贺县的京阪铁道石山坂本线有一个车站，汉字表示为“穴太”，读音为“あのう”，而这个“あのう”是日本人平时要说下文的发语词，用于报站名，就会出现“次はあのう、あのうです”的语句。日本人会开玩笑地说：“快说下文呀，不要老是‘あのう、あのう’的吊人胃口。”真可谓妙趣横生。

日本也有很多一字站名。这一个汉字，写在大大的站牌上，透出的是一种寂寞感。一字站名如：

学——JR德岛线

鼎——JR东海饭田线（长野县）

兜——阿武隈急行线(福岛县)

葛——近铁吉野线(奈良县)

盛——JR 大船渡线(岩手县)

高——JR 艺备线(广岛县)

陶——高松琴平线(香川县)

長——北条铁道北条线(兵库县)

蕨——JR 京浜东北线(埼玉县)

鎧——JR 山阴本线(兵库县)

蓮——JR 饭山线(长野县)

糒——铁道伊田线(福冈县)

膳——上毛电铁上毛线(群马县)

県——东武伊势崎线(枥木县)

轟——胜山永平寺线(福井县)

隼——若樱铁道若樱线(鸟取县)

11. 大／畑——和汉组合的站名

日语表示的多样性,也体现在站名上。和制汉字与中国汉字组合,当这种组合以一种我们中国人并不习惯的方式呈现的时候,我们会切实感受到汉字在日本是如何深入人心。

実籾——京成电铁本线(千叶县)。“籾”是和制汉字。

二ツ杁——名铁名古屋本线。“杁”是和制汉字。

鴫野——大阪市营地下铁。“鴫”是和制汉字。

宍喰——阿佐海岸铁道(德岛县)。“喰”是和制汉字。

湯ノ峠——JR 美祢线(山口县)。“峠”是和制汉字。

大畑——JR 肥萨线(熊本县)。“畑”是和制汉字。

小俣——近铁山田县(三重县)。“俣”是和制汉字。

岩峅寺——富山地方铁道立山线。“峅”是和制汉字。

石見簗瀬——JR 三江县(岛根县)。“簗”是和制汉字。

青笹——JR 釜石县(岩手县)。“笹”是和制汉字。

駒込——JR 山手线(东京都丰岛区)。“込”是和制汉字。

四辻——JR 山阳本线(山口县)。“辻”是和制汉字。

糀谷——京浜急行线(东京都大田区)。“糀”是和制汉字。

鑓見内——JR 田泽线(秋田县)。“鑓”是和制汉字。

当然,再往细部梳理,我们还可以发现一些站名里的第一个汉字笔画多且难读。如:

薊野——JR 土讃线(高知县)。“薊”16 画。

鵯越——有马线(神户市)。“鵯”19 画。

蹴上——京都市营地下铁东西线(京都市东山区)。“蹴”19 画。

竈山——贵志川县(和歌山县)。“竈”21 画。

欅平——黑部峡谷铁道(富山县)。“欅”21 画。

鰭ヶ崎——流水线(千叶县)。“鰭”21 画。

驫木(日本站名笔画最多)——JR 五能线(青森县)。“驫”30 画。

2007 年发行的 JR 青春 18 票的海报上,有这么一段文字:

打开窗户,整个车厢都是春天。

换一种说法,我们是否可以说:

打开窗户,每个站名都是俳人笔下的春天?

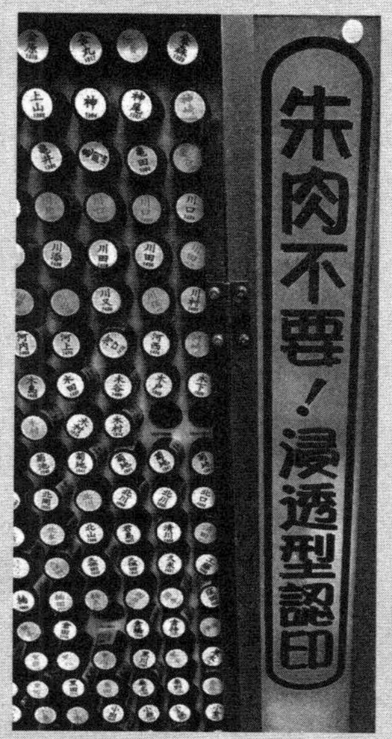

何为"朱肉不要"？原来是在贩卖不需红印泥的图章。"朱肉"是指红印泥。

NO ADDITIVE

無添加

★BACK TO NATURAL GOODNESS★

合成着色料不使用　合成保存料不使用

化学調味料不使用　人工甘味料不使用

一个"无添加"四个"不使用"，好像进了中国人开的店，但这是日本全国连锁的快餐店松屋。

希少，中文是稀少。但中国人是不用希少糖、希少盐这种固定名词语序的。

这两个书法体的春节，令人眼睛一亮。中华文化在日本生根了。

寿司的不同表记。这是日本语的生趣之处。

应该是“買得”，表买得合算的意思。但现在是“買徳”，巧妙地用了同样的发音，“得”变成了“徳”，用来吸引客人的眼球。

「更にお買徳」

将欢送会欢迎会造成“欢送迎会”。日本人很喜欢作这样的造语。

券売機

中文的语序是卖券机，日语的语序是券壳機。一个动词在前，一个动词在后。

搞促销，就说“在库一扫”。这个语感与我们差不多。问题是处分，在中国的语感主要是对人的。如处分某人。在日本主要是对物的。物品打折了，也叫处分了。

“妻有豚”？妻子怀小猪了？日语汉字有时会闹笑话。

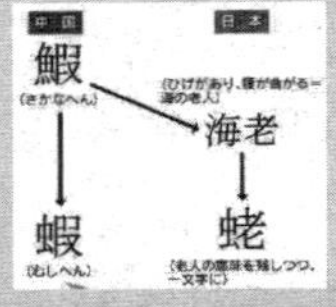

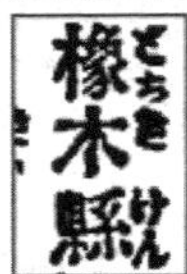

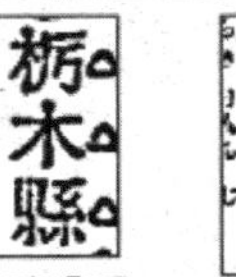

汉字在日本的变迁。中国的“鰕→蝦”到日本的“海老→蛯”。栃木县在过去的《朝日新闻》里的变化。从左至右：1833年5月31日→1833年10月3日→1907年6月16日→1916年8月4日。

东京都丰岛区太阳城水族馆的一个展览海报。毒毒毒毒毒毒毒毒毒 —— 九个毒字。那就叫“猛毒展”吧。无处不见的汉字力。

草間彌生
わが永遠の魂
YAYOI KUSAMA: My Eternal Soul
2017.2.22 wed → 5.22 mon
国立新美術館
THE NATIONAL ART CENTER TOKYO

草間彌生的“彌”，与日本历史弥生时代的“弥”。哪一个更具张力？

三点水加个零字成澪。用日本的国字为日本酒起名。汉字，无处不力。

岁暮二字的典雅/纵横无尽的造语/居然也有炒饭二个字。还有门外不出/顽固亲父，令人看得无语。

自然も街も、縦横無尽。

站头实施中的“站头”两个字，太中国化了。

2017.3.26［東京－新青森－新函館北斗］
開業1周年
北海道新幹線

是中文海报吗？不。日语海报。

第六章

汉式和文里的『汉字心』

1．日本人最初和汉字相遇是什么时候？

在汉字传入日本之前，日本没有文字。这是不用怀疑的。

平安时代有个叫齐部广成的人，在807年首次写了本关于日本文字的书。书名叫"古语拾遗"。其中有一段说：上古时期还没有文字，贵贱老小，口口相传，前言往行，不能忘记。此外，在中国的正史《隋书·倭国传》里也有这样的记载：倭国(日本)在百济，新罗的东南面，没有文字。只有刻木结度绳。敬佛教。

这样来看，日本是在百济求得佛教，才开始有文字。当然到了镰仓时代有日本人不服气，说日本在神话时代就有"神代文字"了，如卜部兼方的《释日本纪》、忌部正通的《神代口诀》等；到了江户时代有平田笃胤的《神代日文传》等。在明治和昭和时代，文字的有无更是被国粹主义者利用,政治上和学问上的问题就更多了。

日本人最初和汉字相遇,在什么时候呢?说法各异。但从遗留下来的文物来看,有两个有力的推测。

一个是在1784年的时候,一位名叫甚兵卫的农民在福冈县志贺岛的稻田中,发现了一枚金印,2.4厘米的正方形,重量为109克。这是后汉光武帝(在位25—57年)送给奴国王的金印。作为史料佐证,范晔(398—445年)在《后汉书·倭传》里记述道:"建元中元二年(57年),倭之奴国奉贡朝贺。收下光武赐予印绶。"这里的印,就是金印。这里的绶,就是挂在金印上的绳子。金印的反面,用篆书体写有三行五字"汉委奴国王",属阴刻。

一个是在长崎县出土的弥生时代的遗迹中,发现了一枚中国铜钱。上面铸有"货泉"二字。考证的结论为,这是想推翻汉王朝的王莽(在位8—23年),在建立新朝时期铸造的货币。《汉书·食货志》里记载:这枚铜钱是在天凤元年(14年)铸造,到王莽建政的新朝消亡为止,共有12年的流通时间。流传到日本大约是在公元1—2世纪左右。

这样来看的话,在公元1世纪的时候,已有汉字传入日本列岛。日本人与汉字的最初相遇,也应该在那个时候。

2. 汉字外交文书的首次登场

作为语言记号的汉字,是什么时候在日本开始使用的呢?

《魏志·倭人传》里这样记载:正治元年(240年),太守弓尊遗,建中校尉梯携等,奉诏书印绶去倭国,拜假倭王。倭王因使上表,答谢恩诏。

这里的"上表"就是当时倭国(日本)的外交文书,也叫"上表书",专门奉呈君王。这段记载表明在3世纪中叶,日本就用汉字来书写外交文书了。但这个“上表文”是一种怎样的形式？其中书写了什么内容？现在都不可考了。

到了5世纪后，情况有了新的变化。《日本书纪》记载，免道稚郎子跟随王仁学典籍，对汉文有了相当的读解力。

这里有一段插曲。

应神天皇的时候，有一年9月，高句丽王派使者去日本朝贡，并附送上表文。上表文用汉字书写。其中有这么一句话：“高丽王指导倭国王”。太子免道稚郎子阅读后，大为愤怒，对高句丽的使者道：这上表文太无礼了。便顺手撕破。

这段插曲表明，在当时上层的日本人中，已经有人对汉文较为精通了。

沈约（441—513）著《宋书·倭国传》，书中对列岛情势记述得很到位。如文帝（在位424—453年）元嘉二年（425年），倭国的赞王（指履中天皇）派遣曹达，奉呈上表文，贡献物品。再有，顺帝（在位477—478年）升明二年（478年），倭国的武王（指雄略天皇）派遣使者，奉呈上表文。并引用了上表文的一段文字：

封国偏远，作藩于外，自昔祖祢，躬擐甲胄，跋涉山川。不遑宁处。东征毛人五十五国，西服众夷六十六国，渡平海北九十五国，王道融泰，廓土遐畿，累叶朝宗，不衍于岁。

共70字，其中多数为四字骈文，并注重音调。这是中国六朝时代流行的文章技巧。当时的日本人已经较为熟练地掌握了。这段文字是不是经过《宋书》的作者沈约修改？不得而知。进入5世纪后，日本送往中国的外交文书，能有这样的汉文水平，可见当时的日本外交部门已有不少精通汉字的精英分子。

在那个时候，日本人还留下了书写金石文的纪录。共有三处可查。

一处是在埼玉县行田市稻荷山古坟里出土的铁剑铭文。剑的正反面刻有115字（正面57字，反面58字）。铭文开头是“辛亥年”三个字。书写这段铭文的时间推断为公元471年。

另一处是在熊本县玉名郡菊水町江田船山古坟出土的太刀刀锋上，有75个文字。这被推定为是5世纪中叶的古物。

第三处是在和歌山县桥本市隅田町隅田八幡宫出土的人物画像青铜镜。上面有48个文字：

葵未年八月日十大王年男弟王在意柴沙加宫时斯麻念长寿遣开中费直秽人今州利二人等取白上同二百早所此竟。

这段话是什么意思呢？

葵未年的八月，是日十大王的生日。男弟王在意柴沙加宫的时候，斯麻念及长寿。逐派遣开中的费直和秽人的今州利二人，取白上铜二百贯，以作此镜。

这里有一个疑问。文中的“开中费直”是谁？日本史学者认为，这个人是来自百济的渡来人的可能性很大。

如果这一结论能成立的话，那么是渡来人帮助日本人，并教会了他们怎样使用汉字。

3．法隆寺五重塔发现了涂写的文字

日本战败后不久，对奈良法隆寺五重塔实施解体性的大修。就在第一层顶部的组木上，发现了涂写的文字。无疑，这是日本汉字史上的一件大事。

组木的左端写有“奈尔”两个大字，右端写有“奈尔波都尔佐久夜已”

九个字。

这是什么意思呢？原来这是一首有名的和歌的开首部分。日语的读音为：

なにはつにさくやこのはなふゆごもり

中文大意：难波津盛开的艳花笼罩在寒冬里。

这属于完全的一字一音读写方式。

这是谁涂写的呢？一定是当时修建五重塔的劳动者的“杰作”。这也说明汉字在日本七世纪的时候，已向庶民阶层普及。

众所周知，法隆寺是在607年（推古天皇十五年），由圣德太子建造的。但在670年（天智天皇九年）4月30日发生火灾。《日本书纪》记载这场大火使得法隆寺“一舍不留全烧尽”。708年（和铜元年）再建。从推古天皇十五年到和铜元年，正好是一个世纪的光景。这一个世纪，也是中国文化对日本普及最快的一个世纪。以至于在重建法隆寺之际，连一般的建筑工人也会书写汉字了。

借汉字来表示日语，这两者的结合首先在地名和人名上获得成功。这是非常用功夫的一件事。

最早的纪录还是存留于中国的史书里。《魏志·倭人传》里日本的地名、人名和官职名都用汉字来表纪。如日本3世纪的女王“卑弥呼”（ヒミコ）。这里，“HI”的发音用“卑”字，“MI”的发音用“弥”字，“KO”的发音用“呼”字，组合成邪马台国的女王名字。这就是所谓的“假借”。

按照后汉的许慎在《说文解字》里的说法，所谓假借就是“本无其字，依声托事”。日本的官职名如“卑奴母离”（ヒナモリ）的读音为“HINAMORI”。国名如“邪马台”（ヤマト）的发音为“YAMATO”。中国唐代汉译佛典，也用这样的方法。如古代梵语“AMITAYUS”就翻译成

"阿弥陀","SAKYA"翻译成"释迦",其道理是一样的。

4．固有名词一字一音的萌芽

进入7世纪,汉文与和文混合的势头开始显现。圣德太子的《法华义疏》(615年)与"十七条宪法",都是日本人掌握堂堂汉文的绝好证据。圣德太子的佛典是向高句丽僧侣惠慈学习的,外典(佛典以外的书籍)是向博士觉哿学习的。除圣德太子之外,当时上流社会的日本人汉文水准也不差。如有名的遣隋大使小野妹子,向隋炀帝奉呈的国书是"日出处天子、致书日没处天子、无恙"就是相当不错的汉文。

从当时遗物年代的顺序来看汉字发展可概述为:

伊予道后温泉碑文(推古天皇四年/596年)

元兴寺露盘铭(同年)

法隆寺献纳宝物/菩萨半跏像铭(推古天皇十四年/606年)

法隆寺金堂药师如来像光背铭(推古天皇十五年/607年)

元兴寺丈六佛光背铭(推古天皇十六年/608年)

法隆寺金堂释迦三尊像光背铭(推古天皇三十一年/623年)

法隆寺三尊像光背铭戊子年(推古天皇三十六年/628年)

宇治桥断碑(大化二年/646年)

中宫寺天寿国曼茶罗潇帐铭(七世纪前半)

法隆寺四天王厩像光背铭(白雉元年/650年)

法隆寺献纳宝物释迦如来像光背铭(白雉五年/654年)

船王后墓志(天智天皇七年/668年)

小野毛人墓志(天武天皇五年/677年)

山之上碑(天武天皇九年/681年)

长谷寺法华说相图铜板铭(朱鸟元年/686年)

法隆寺观音像铭(持统天皇八年/694年)

以上都是金石文的造像记录。金石文的残留与佛教的隆盛有很深的关联。

这里必须注意的是汉字的用法。如“夷与”是指国名“伊予”。“斯归斯麻”是指地名“磯城島”。“阿米久尔意斯波羅支比里而波乃弥已等”是指人名“天国排開広庭尊”——皇子时代的钦明天皇。“有麻移刀等已刀弥弥乃弥已等”是指人名“厩户豊聪耳皇子”——圣德太子。“巷宜有明子”是指人名“苏我马子”。相当多的固有名词都采用了一字一音的表示。

从这些金石文来看,日本人已经在相当程度上离开了汉文方式,进入日本独自的文字排列。如在“中宫寺天寿国曼茶羅潇帳铭”的全文400字里,使用汉字的字音字训的就有150字之多。表明了对借用汉字表示日语的一种努力。

712年(铜和五年)成书的《古事记》,有一段序文:

然,上古之时,言意並朴,敷文構句,於字即難。已因訓述者,詞不逮心。全以音連者,事趣更長。是以今,或一句之中,交用音訓,或一事之内,全以訓録。

作者是太安方侣。他一定是体验到了用汉字书写日本语文章的至难。但即便如此他还是努力并用汉字的音意两面,并取得了成效。如《古事记》的开篇文字就非常有名:

久羅下那洲多陀用弊流之時,如葦牙因萌騰之物而成神名——

这里“久羅下那洲多陀用弊流”是表音,“時”“萌騰”“物”则是表意。值得注意的是这里普通名词首次作为动词来使用,表明了很大的进步。

5. 催生了大批写经生

7世纪的时候，朝鲜半岛政情发生了剧变。从日本对任那的控制，到新罗对任那的合并，再到百济、高句丽的消亡。当时有很多朝鲜半岛的难民蜂拥到日本。准确的人数尚不清楚，但据平安时代编撰的《新撰姓氏录》（814年）记载，当时有1 182人在左右京和畿内五国居住。其中326名为归化人，占全体的30%。这些归化人都懂汉字和汉文。据《日本书纪》记载，513年有从百济来到日本的五经博士（易经、诗经、书经、春秋、礼记为五经；精通这五部书的学者叫五经博士）段杨尔，有516年来日本的汉高安茂，有554年来日本的王柳贵。除此之外，包含了大量佛教经典的佛法，也从百济传到日本。

为此，到了圣武天皇的时代，在奈良还专门设立了写经所这一国家机关。圣武天皇的母亲藤原宫子在754年去世，借着这个“追善”的机会，朝廷组织人马开始大规模地抄写经文。根据记录，最初抄写的是《梵纲经》100部200卷。接着是《法华经》100部800卷，新旧《华严经》各五部合计为700卷。一共合计为1 700卷。真是个规模巨大的文化事业。而抄经的真正动机是为了学习和普及汉文。

大量的写经，催生了一批“写经生”。从772年的记录来看，下笔最快的写经生，一天能写5 900字。最慢的一天为2 300字。平均一天是3 700字左右。抄写纸一行为17字，共25行，计425字。一天用纸是14张左右，写得慢的人一天用纸只有5张左右。抄经的要求是要工整，不能有错，所以也是相当累人的活。长年抄经职业病是免不了的，诸如消化系统病和腰病等。

在那个时候，写经生是有报酬的。但报酬不是用时间来计算，而是用写多少张来计算。当时写完一张纸是五文钱，写得越多，收入就越高。

但这个钱也是不好拿的。因为还有专门的校对者在抓错。抓到五个错字就扣一文钱,发现有漏字的一个字就是一文钱。如果不留神漏写了一行,二十文钱就扣除了。日本在那个时候就导入了文稿的三校制度。如果是校对者的失误,也要扣钱。

由于要求太高,待遇太低,这些写经生就联合起来罢写,要求改善待遇。他们提出了六点要求。比较引人注意的有以下四点:

(1) 要求换新的僧侣服。

(2) 每月至少有五日休息。

(3) 改善伙食。

(4) 长年作业,胸痛脚麻。要求每三日喝一次酒。

这份叫做"写经司解案"的珍贵文书,至今还保存在奈良正仓院里。

佛教盛行,信佛的人越多,读经的人也就越多。毫无疑问,这些汉文经书的抄写,对普及汉字发挥了很大的作用。识字层扩大的一个结果就是会读会写会看汉字的日本人在不断增多。

6. 最古老的文章——汉式和文诞生

日本最古老的文章是哪篇?说法不一。法隆寺金堂药师佛的《光背铭》,呼声最高。《光背铭》看上去都是汉字,但再仔细阅读,可以发现确实是日语。请看其中的一段:

池边大宫治天下天皇,大御身劳赐时,岁次丙午年,召于大王天皇与太子而誓愿赐,我大御病太平欲坐故,将造寺药师像作侍奉诏。然,当时崩赐,造不堪者,小治田大宫治天下大王天皇及东宫圣王,大命受赐而,岁次于卯年侍奉。

大意为:用明天皇为祈祷自己的健康而起誓建造伽蓝。但是用明天皇不久去世,继承遗志的推古天皇和圣德太子在推古天皇 15 年(607 年),完成了佛像和寺院的建造。

虽然看上去都是汉字,但我们能懂其意吗? 很困难。其难处在于用汉文不能理解的地方很多。如“寺药师像作”“造不堪”“大命受”等。如果是汉语语序的话,应该是“作寺药师像”“不堪造”“受大命”等。再如“大御身”“大御病”等接头词的敬语表达,“劳赐”“誓愿赐”“崩赐”“受赐”“侍奉”等辅助动词的敬语表达,“坐”这个动词的敬语表达,都是日语才有的文风。

这样看来,《光背铭》这段文字至少表明了二点: 一是用日语语序写成;二是用了敬语的表现手法。这就诞生了一个新名词:“汉式和文”(一说“变体汉文”)。

那么,这段法隆寺的《光背铭》,是在什么时候写成的呢?

从《光背铭》里出现的“天皇”二字来看,应该是在持统朝(687 年)之后的一段时间。因为在这之前,日本国土上的统治者都叫“大王”。出现“天皇”的字样,在时间上至少是在七世纪后半。这样看来,日本人用日语开始写文章是大化改新(646 年)以后的事情。

实际上在这之前,圣德太子已经在用汉字书写《十七条宪法》。《日本书纪》推古十二年(604 年)条文里记载: 夏四月,皇太子开始书写《十七条》。其中第一条:

一曰: 以和为贵,无忤为宗。人皆有党,亦少达者。是以或不顺君父,乍违于邻里。然上和下睦,皆于论事,则事理自通。何事不成。

虽然从文脉上看没有太大问题,但古汉文的语感节奏还是略显生硬。日本学者森博达认为这段话还存在语法错误。但研究中国文化的大家吉川幸次郎则全面肯定,认为从文体和语法看都是十分漂亮的。

到了平安时代，汉式和文体的运用更为频繁了。如醍醐天皇的《延喜御记》、村上天皇的《天磨御记》就属典型。那时的男性贵族也都用汉式和文体写日记。如有名的藤原道长《御堂关白记》就是典型。阳明文库至今还保存着藤原道长在1010年写的自笔：

右京权大夫亲兼王于法兴院为贼所擒，相守间，被杀害，从院持出置大路由云云，遣随身，近边寺令卧僧房，入夜率云云。

有点汉文基础的人，基本能看懂这段话。这是说右京权大夫亲兼王在法兴院遭到盗贼袭击，在应战的过程中被杀害。

除了藤原道长之外，藤原忠平的《贞信公记》、藤原实资的《小石记》、藤原资房的《春记》、藤原宗忠的《中右记》等，都是用汉式和文来书写的。当时能用汉文写文章的人，就像现在能用英语写作的人一样，属于有知识的精英阶层。平安时代的日本，汉文就是最高级的文章。当时的历史书如《日本后记》《续日本后记》《文德实录》《三代实录》等国史，都是用汉文写的。就连《三代格式》的法令、《和名抄》《医心方》等学术著作，都是用汉文写的。此外平安末期编撰的《类聚名义抄》，则是日本古代最大最全的汉和辞典，撰者不明。这部辞典的亮点在于记载了日本汉字的两种读音：一个是音读，一个是训读。如“月”这个汉字，音读是“げつ(getu)”，训读是“つき(tuki)”。汉文的训读具体是从什么时候开始？现在还不清楚。一般推论是在7世纪到8世纪左右。

7. 更是一颗汉字心

从没有文字到有文字，从有文字到表象文字，从表象文字到灵性文字，日本人表现出了从未有的感性和执着。看看日本人现在还坚持用的写信开首语和结束语，我们就会明白何谓汉字心？

如果是一般书信：

拝啓/敬具　拝呈/謹言　啓上/拝具

如果是写给上司和公司同僚：

謹啓/敬具　恭啓/謹言　謹呈/敬白

如果紧急情况：

急啓/早々　急呈/敬具　急白/拝具

简略的时候：

拝復/敬具　復啓/早々

回复时：

拝復/敬具　復啓/敬白　謹復/拝具

未等到回信而再去信时：

再啓/敬具　追啓/敬白　再呈/拝具

日本人用汉字表意，并用表意文字组合造出长长的新词，读起来有耳目一新的感觉。如：

配給物品統制管理所所有資材運搬担当責任者控室。

高等学校野球全国大会報道準備委員会開催通知発送時期再検討。

限定生産純米吟醸酒特別発売価格改定反対消費者連合結成大会。

赤川次郎写过畅销书小说《四字熟语杀人事件》，只要看看目录就感觉好像在用中文写作：

起承转结的杀人事件→人畜无害的杀人事件→公私混同的杀人事件→流行作家的杀人事件。

日本人喜欢在名胜景区里看汉字：

每年京都晚夏的“五山送火”仪式，东山如意岳燃起的“大”字篝火，松崎西山燃起的“妙”字篝火，东山燃起的“法”字篝火，都很引人注目。

特别是大文字的“大”字，横为80米，撇为160米，捺为120米，更是京都夏日夜晚的最大亮点。

新潟县的妙高山，化雪的时候，山顶上会出现一个大大的“山”字。有传说是平安时代的著名武将木曾义仲雕刻作品，又说是火山爆发后形成的自然景观。

岐阜县高山市有“川字瀑布”。30米的瀑布落差，其飞流直泻的瞬间能见到一个大大的“川”字。

京都的丹后半岛，有一座能看到一个“一”字的一字观公园。

再看近年日本的广告用语，其汉字用法更为叫绝。如下例的一个招人广告：

技术者募集

待遇/升给年1回　賞与年2回　交通费一部支给　社保完　作業服貸与　早朝手当　車通勤可

時間/実働8 h

給与/固给　25~40万円

休日/日・祝　GW　夏季　年末年始

没有学过日语的读者，读上述的广告文，除了“手当”（意为津贴）这个词语之外，一般都能明白其意吧。这里的“社保完”是“社会保险完备”的缩写，“实働”是“实际劳动”的缩写，“固给”是“固定工资”的缩写。而“8 h”则是“8小时”的罗马字表述，“GW”则是“五月黄金周”的罗马字表述。

至2016年年底，东京都23区共有米其林餐厅227家，其中74家店名完全是用汉字表示的。如：

坐落在港区西麻布的“壽修”店。令人注意的是日本有简化的“寿”

字,但店主还是选择了旧体的“壽”字。

坐落在银座六丁目的“馳走・啐啄”店。

坐落在目黑区东山的“翏”店。这家是吃鳗鱼的专门店。

坐落在新宿区神乐坂的“一文字”店。

坐落在丰岛区南大塚的“鳴龍”店。这家是以担担面为主的拉面店。

坐落在世田谷区玉川的“㐂邑”店。这家是寿司专门店。

坐落在港区六本木的“龍吟”店。这家是老牌三星的怀室料理专门店。

坐落在新宿区神乐坂的“虎白”店。店长是一位年轻的帅哥,也是这家店的最大话题。

你看:

壽修/馳走・啐啄/壽/一文字/鳴龍/翏/㐂邑/龍吟/虎白

这里,寿何以是修的,虎何以是白,龙何以是吟的,㐂何以是三七,基本属于无解的。但我们在无解中,看到的是一道汉字林,一堵汉字墙,更是一颗汉字心。

日本作词家阿久悠有著名的诗句:

夢は砕けて夢と知り

愛は破れて愛と知り

時は流れて時と知り

友は別れて友と知り

每句话有四个汉字,抽出来就能明白其意:

梦碎梦知/爱破爱知/时流时知/友别友知

日本江户时代著名的小说家曲亭马琴写有《南总里见八犬传》。这位马琴就是借用中国白话语体标小说章回的典型。如第一回的“季基遗

训死节　白龙挟云归南”，第二回的“飞一箭侠者误白马　夺两郡贼臣倚朱门”等。到了明治时代，也有作家这样秀汉字的。如三游亭圆朝的《再谈牡丹灯笼》里，第一回为“凶汉泥醉挑争斗　壮士愤怒酿祸本”，第二回为“闺门淫妇擅家政　别业佳人恋才子”。不得不佩服他们的汉字力。

8．鳶師／噺家与皐月／師走

在日本，还健在的汉字职业名如下所示：

酒匠——品酒师。

鳶師——建筑现场移动建材和搭脚手架的工人。也叫“鳶職”。

噺家——落语家的旧称。

研師——研磨刃物的职人。

女将——饭店女主人。

幇間——持太鼓吹嘘拍马之人。

禰宜——神社里的神职之位，比神主略低。

棟梁——木匠的职业。

強力——登山的引路人。

遣手——管理游女的女性。

俳優——用有趣的演技逗乐观众的职业。

殺陣師——在电影和戏剧里教授指导武打的人。

添乗員——团体旅行里做导游之人。

教誨師——监狱里教育受刑者之人。

経師屋——表装屏风和割扇之人。

建具師——制作拉门隔扇的工匠。

彫物師——实施文身刺青之人。

当然今天的日本，有更多的职业是用片假名表示的。如：

制作者→プロデューサー→purodeyu-sa-

脚本家→シナリオ ライター→shinario raita-

插画画家→イラストレーター→irasutore-ta-

导演→デイレクター→deirekuta-

电脑编程员→コンピユータープログラマー→konpyu-ta-purokurama-

广告造语家→コピー ライター→kopi-raita-

此外，日本人还发明了以下的长寿祝贺汉字：

喜寿——77岁。"喜"的草书体是三个"七"，能见到七十七。

傘寿——80岁。"傘"的略字是"仐"，上下看是八十。

半寿——81岁。分解"半"字可以看成八十一岁。

米寿——88岁。"米"的上面可以看成"八"，所以是八十八岁。

卒寿——90岁。"卒"字的略俗字是"卆"，上下看是九十。

珍寿——95岁。"珍"字的右边可看成八三，左面的王字傍可看成十二。所以是九十五岁。

白寿——99岁。"百"字去掉上面的一横，是个"白"字，所以九十九岁是白寿。

茶寿——108岁。"茶"字中有个"八十"。草字头可以看成两个"十"，下面加个"八"，所以是一百零八岁。

皇寿——111岁。"皇"是"一+白+十+一"，故表示百十一岁。

頑寿——119岁"頑"字的右边可看成"百+一+八"，左傍可分析为"二十八"，所以是一百十九岁。

活到119岁的人当属非常稀罕。但在日本鹿儿岛县德之岛上，曾经有一位叫泉重千代的人活过120岁，打破了当时的吉尼斯纪录。德之岛人将120岁看成是“大还历”（干支60为一个还历）。120岁也是高龄“三寿”中的上寿：80岁为下寿，100岁为中寿，120岁为上寿。

在将棋界，81岁为盘寿。在围棋界，90岁为圣寿或星寿。

其实，“寿”这个汉字，在中国经常用来指为将要离世之人在生前准备的东西，如寿棺、寿衣等。但在日本，“寿”字并没有这个顾忌，而是属于“庆祝”的范围。中国古典《礼记》里，对人的年龄用不同的说法，也是汉字的一绝。如：

20为弱冠，30为壮室，40为强仕，50为杖家，60为杖乡，70为杖国，80为杖朝。

再看看日本老字号企业与汉字的关系。

老店练就了匠人，匠人延续了老店。老企业都是百年以上。这些老店与一字汉字的特殊性如下所示：

信——197社用信字作社训。

诚——68社用诚字作社训。

继——31社用继字作社训。

心——28社用心字作社训。

真——24社用真字作社训。

和——23社用和字作社训。

变——22社用变字作社训。

新——22社用新字作社训。

忍——19社用忍字作社训。

质——18社用质字作社训。

信/诚/继/心/真/和/变/新/忍/质

十个汉字，是如何撑起并延续日本企业的？这是汉字之谜，更是汉字文化之谜。

如果用汉字分宗教，日本人告诉我们这样排列：

“神主、神官、宫司”是神道。

“僧、僧侣、坊主、和尚、住職、本堂、僧庵”是佛教。

“法王、神父、牧師、司祭、司教、教会、聖書”是基督教。

日本人再排列出宗教色彩的汉字群：

寄進、献纳、奉纳、社殿、聖堂、祠、煉獄、地獄、預言、礼拝、受胎、信者、信徒、教徒、降誕、輪廻、無常、鐘声。

当然不可忘了还有这组汉字：葬式/葬礼/葬儀/柩/棺桶/霊柩車/墓地/墓場。

日本人还有“松竹梅→鶴亀→長寿→長命”的汉字表述。

开岁/莺月/孟夏/蒲月/荷月/孟秋/桂月/霜序/孟冬/葭月/腊月

如果说古代中国对一年12个月的叫法极富想象力的话，那么精通中国古典的日本人对12个月的叫法也绝不逊色：

1月；睦月/2月；如月/3月；弥生/4月；卯月/5月；皐月/6月；水無月/7月；文月/8月；葉月/9月；長月/10月；神無月/11月；霜月/12月；師走。

睦月/如月/弥生/卯月/皐月/水無月/文月/葉月/長月/神無月/霜月/師走

充满了诗情画意。充满了感性直觉。

日本人至今还在用“月火水木金土日”来表示周一到周日。麻烦吧，当然没有一二三四五六日好读好记，但他们用诚意和耐心来表示对汉字的尊崇。而我们作为汉字的发源地反倒失去了这个心情。从这个意义上说,不正是日本人激活了汉字的生命力吗?“才色兼備”的读音会想到汉字“菜食健美”。这是日本便利店的服务员经常干的事情。你看,想象力多丰富。

9. 日本人玩汉字的杰作——汉诗

日本的第一首汉诗是谁写的?是天智天皇的儿子大友皇子(648—672)。668年,他参加父亲登基典礼的宴会,写下了吹捧他父亲的汉诗《侍宴》:

皇明光日月,帝德载天地。

三才并泰昌,万国表臣义。

这里,他把天皇比喻为中国的皇帝,令人印象深刻。文字表述虽然缺乏汉字的精魂,但也明亮;虽然僵硬,但也庄重。

这里,顺带提及的是,朝鲜的第一首汉诗是在612年诞生。由高句丽的名将乙支文德写给隋朝的将军于仲文。汉诗如下:

神策究天文,妙算穷地理。

战胜功即高,知足愿云止。

大意是:你上懂天文下知地理,非常了不起。你的战绩已经充分了。接下来是否能停止战争?

从汉诗的表现来看也是很生硬,很政治化,缺乏诗韵。表明当初的日本列岛也好朝鲜半岛也好,汉文只能达到这个水准。

平安时代的贵族文化人巨势识人,为附和嵯峨天皇的汉诗《长门怨》,写下:

日夕君门闭,孤思不暂安。

尘生秋帐满,月向夜床寒。

星怨靨难霁，云愁鬓欲残。

唯余旧时赏，犹入梦中看。

这是五言律诗。偶句的末尾均押“an”韵。一个人的孤独，一个人的相思，悄然跃于夕阳西下的纸上，表现出了相当的文字功力。

中世的武士，虽对汉文有棘手之处，但有一位叫儿岛高德的备后（现冈山县）的武士，却题诗后醍醐天皇：

天莫空勾践

时非无范蠡

诗作本身对仗工整，中国味浓。对中国古典造诣颇深的后醍醐天皇心领神会，更激发了他的决心去实施夺权的“建武新政”。虽然两年就告失败，但“卧薪尝胆”使他成了“异形天皇”。

当时与义堂周信齐名的绝海中津，在1376年渡海来到中国学禅宗。这一年他拜见了洪武帝。洪武帝问其历史上东渡后消息不明的徐福之事。绝海咏诗答之：

熊野峰前徐福祠，

满山要药草雨肥。

只今海上波涛稳，

万里好风须早归。

洪武帝亦和诗如下：

熊野峰高血食祠，

松根琥珀也应肥。

当年徐福求仙药，

直到如今更不归。

套用现在流行语，这两首诗是在搏高层与民间互动的点击率。但不可否认，这种互动在中日关系史上留下了佳话。面对“万里好风须早归”的民间人士的视野，洪武帝的“直到如今更不归”，更是将中日关系远望到了数百上千年。

在日本的战国武将中，将孙子“风林火山”四个字打上自己旗帜上的是武田信玄。他写有汉诗《机山十七首》，其中被誉为汉文水准最高的一首是：

檐外风光分外新，
卷帘山色恼吟身。
孱颜亦有蛾眉趣，
一笑蔼然如美人。

这位总是身挂数个人头的信玄，也有“一笑蔼然如美人”的趣味，这令他的对手伊达政宗颇为吃惊，想此人真乃“文武二道”通吃的才将。

这位政宗当然也不是省油的灯。他晚年留下二十个字就非常有名：

马上少年过，
世平白发多。
残躯天所赦，
不乐是如何。

汉字用得白用得易用得清，显然是汉字丛林中的好猎手。马上过青春，老后不乐无理由。这倒为今天日本社会的“下流老人”提供了某种思路。

再看一休和尚的情色汉诗：

楚台应望更应攀，

半夜玉床愁梦颜。

花绽一茎梅树下，

凌波仙子绕腰间。

梅花树下，开着一枝水仙花。仙女在轻轻地走动，柔软的细腰间飘逸出水仙的清香味。这里，伴着宫廷花园的美景景色，美女裸身轻睡，随着身体的轻微柔动，肉体的清香味就飘逸而出。同床共枕，一休和森女在夜半的玉床上，构筑"愁"和"梦"。这里，凌波仙子就是水仙的异名。一休用水仙作比喻，看中的是水仙的形、姿、香。在一休的眼里，森女既是神又是佛。

再看良宽和尚的哲理汉诗：

生涯懒立身，腾腾任天真。

囊中三升米，炉边一束薪。

谁问迷悟迹，何知名利尘。

夜雨草庵里，双脚等闲伸。

三斗米，一束薪。人间最低水准的生活。无欲恬淡，独自荣枯，无以为憾。这被日本人称之为"锻寂"。日本著名学者唐木顺三说，从这里似乎看到了"日本人的原型"：既无我也无心。本来无一物。康德哲学日本的第一引进者，深受西田几多郎的"绝对的矛盾自己同一"影响的著名哲学家田边元，把良宽的这首诗一笔一画地抄了 30 遍。很显然，田边元对良宽产生了兴趣。这个兴趣促使他晚年在思考宗教哲学的时候，把良宽的原型放了进去。

而大正天皇还是皇太子的时候，就作汉诗《海滨所见》：

暮天散步白沙头，

时见村童共戏游。

喜彼生来能惯水，

小儿乘桶大儿舟。

你看，“时见村童共戏游”句，虽无太大诗质与诗感，但也非常地“唐化”，表现出汉文的素养。

身为德川家康的孙子，水户黄门的德川光圀，他的汉诗就不是一般人所能比拟的：

江城暮雪天，静坐思悠然。

积雪月光冷，严寒冰腹坚。

腊客随叶尽，春信自梅传。

四序一弹指，空过二十年。

老道，老成，老练。“暮雪天”与“思悠然”，“腊客”对“春信”，透出汉文思维的强度和力度。

德川幕府的文化名人新井白石最著名的两句诗是：

满城花柳半凋残，

人生行路难叹息。

虽然令人想起陆游的“满城春色宫墙柳”，虽然令人想起李白的“行路难”，但这一切都已经在“半凋残”和“难叹息”中化解消去了。小说家藤泽周平在写新井白石的传记小说《市尘》里，开篇就引用了这两句诗。这就是一种肯首一种姿态。

当然，我们不能忘记的还有伊藤仁斋《渔夫图》的两句好诗：好将整顿乾坤手/独向江湖理钓丝。还有梦窗漱石《暮春游横洲旧隐》两句好诗：满船载得暮春兴/与点争如此胜游。从个人审美来说，这两个人这两句诗，是整个日本汉诗的最亮点。

大文豪夏目漱石作的最后的汉诗，是在 1916 年 11 月 20 日的夜晚写的：

眼耳双忘身亦失，

空中独唱白云吟。

让人联想到禅僧的开悟。一种死去的暗示。

果真不到一个月，夏目漱石因胃溃疡大出血而死去，享年49岁。

为明治天皇做陪葬的乃木希典（1849—1912），有名为“乃木三绝”的汉诗：

爾靈山峻岂難攀

男子功名期克艱

鐵血覆山山形改

萬人斉仰爾靈山

写得悲壮硬朗，将军气度在诗行。这里“爾靈山”的日语发音是“にれいさん”，正好谐音当时的“二〇三高地”。

日本著名的语言思想家大野晋曾经用汉诗来描写中学的化学实验课。最后一行是：

大教师刮目，宜待来学期。

这位大野先生想说什么呢？你只要看看他对神的考据书《神》，恐怕就会明白什么叫“大教师刮目”了。

在日本文学史上，虽然有《源氏物语》《枕草子》等假名文学，但文学活动的主流还是汉诗。其依据就是日本最早的和歌集《古今集》要比汉诗三集《凌云集》《文华秀丽集》《经国集》晚得多。此外，和歌的名手如良峰安世改名为具有中国风的“良安世”，菅原清公改名为“菅清公”，也表明汉诗的地位要比和歌来得“高大上”。

10. 日语的“鬱”字太萌

看看日本人将四字熟语的字序颠倒,也是很有趣的一件事。

中国人讲不屈不挠,日本人讲不挠不屈;

中国人讲左顾右盼,日本人讲右顾左盼;

中国人讲山明水秀,日本人讲山紫水明;

中国人讲蒙昧无知,日本人讲无知蒙昧;

中国人讲夺胎换骨,日本人讲换骨夺胎;

中国人讲贤妻良母,日本人讲良妻贤母;

中国人讲三顾草庐,日本人讲草庐三顾;

中国人讲一掷乾坤,日本人讲乾坤一掷;

中国人讲照顾脚下,日本人讲脚下照顾;

中国人讲不省人事,日本人讲人事不省。

一字颠倒,有时是心象的颠倒。就像拉开窗帘,眼前是晨曦中的晚霞或晚霞中的晨曦。这个颠倒,也绝不是时序的颠倒。

再来看看汉字的细节,也是非常有趣的。

中国简体字的“骨”,里面的小符号是往右;

日本的“骨”,里面的小符号是往左的,保留了繁体写法。

还有:

中国的“毒”与日本的“毒”;

中国的“团”与日本的“団”;

中国的“对”与日本的“対”;

中国的“步”与日本的“歩”;

中国的“别”与日本的“別”;

中国的“黑”与日本的“黒”;

中国的“查”与日本的“查”；

中国的“残”与日本的“残”；

中国的“画”与日本的“画”；

中国的“真”与日本的“真”；

你能区分吗？不同在哪里？

日本是县中有市。如“长野县松本市”。中国是市中有县。如以前的上海市崇明县。名字也是，Letter，汉语是“信”，日语是“手紙”，韩语如果用汉字表示的话是“便紙”。博士在越南指医生，日语的博士是中国科举时代进士的转用。日本的修士指硕士，而在越南指修道士。日本人到中国工作，会得到一张工作证。看到“工作”二字，日本人心里就一惊，心想我怎么找了这个工作？原来“工作”一词在日本是指地下工作，是指间谍，他们叫“裏工作”或“工作員”。当然也有一个叫法“スパイ”(supai)。日本说“一册本”，中国说“一本书”，韩国是说“一卷册”。量词和名词各不相同。还有身体部位，中文说“喉结”日语说“喉仏”。

中国简化了，日本还没有简化的汉字，如：

众/衆；华/華；门/門；桥/橋

日本简化了，中国还没有简化的汉字，如：

収/收；缶/罐；予/预

两国笔画一致，字形稍有不同的汉字，如：

辺/边；画/画

两国只有一个笔画不同的汉字，如：

変/变；単/单

两画以上不同的汉字，如：

浜/滨；両/两。

同样用汉字，日本人也与中国人有不同，或者说这也是他们不甘守旧的创新吧。如艺术的“艺”字，旧体是“藝”，改为新体日文后是“芸”字，没有采用中文简体的“艺”。如“学芸”、“文芸”等。同样，旧体的“屍”，新字日文体改为“死”，而不是中文简体的“尸”。所以“尸体”在日文中写作“死体”。

11．战后日本汉字流行语

毫无疑问，流行语是世象的风向标。用汉字作流行语，一方面固然表明汉字的适用面非常宽广，另一方面则表明对汉字的那种深入骨髓的领悟力的欲罢不能。下面我们有选择地看看战后日本最具代表性的汉字流行语。

1951 年开始的 NHK“红白合战”。这个词至今还在使用。

1956 年 3 月，评论家大宅状一借用战败后流行的“一亿总忏悔”，发明了“一亿总白痴”一词，对电视机的普及影响青少年提出批评。2014 年，社会学家三浦展提出“一亿总下流”的学术概念。2016 年，日本首相安倍晋三提出“一亿总活跃”的政治口号。可见，日本人很喜欢“一亿总○○”这个汉式结构。

1956 年 8 月，“首都圈”这个汉字新词诞生，表示以东京站为中心的半径 70 公里的地区。

1958 年的“团地族”。东京郊外建设规模较大的集团住宅，以应对大都市的人口膨胀。居住在集团住宅里的住户，就被称为“团地族”。

1970 年的“步行者天国”，模仿美国纽约的做法，在这年的 8 月 2 日，东京的银座、新宿、池袋、浅草四个地区开始将某些道路改为限定时间段只允许行人通行的步行街。

1973年的“振替休日”。这是指节假日如果与周末重叠，周末休息就顺延一天的制度。这年4月12日开始实施。

1976年的“团块世代”，指“二战”后出生的这批人，因作家堺屋太一的小说《团块世代》而开始流行。

1976年的“安乐死”。这年的1月20日，日本成立了安乐死协会，标志着这个汉字新词正式生效。

1976年的“偏差值”。考试成了一门产业。升学竞争过热，出现了新词“偏差值”，用来表示相对平均值的偏差数值。

1978年的“嫌烟权”。被动吸烟的危害开始被重视而出现的新词。两年后的1980年，日本又造了新词“间接吸烟”词。日本癌学会在这年发表调查结果宣布，吸入他人吐出的烟也会患肺癌，冲击了整个日本社会。

1981年的“中国残留孤儿”。中国东北地区因战争而留下的日本人后代，在中日邦交正常化后的这一年开始寻找亲人并回到日本。新词的产生给“中国残留孤儿”带来身心的安慰。

1981年的“熟年”。用一种丰富的人生经验来替代已经在使用的“老人”“上了岁数”等消极的旧词。这一流行语的诞生极具社会学意义。如日本走红的四字熟语“熟年离婚”就是指退休后的离婚。

1996年的“援助交际”。指以“援助”的名义将性商品化。这个新词的产生，表明日本人极具汉字天赋。同时，这个新词也将中年男性与女高中生之间的性交易所引发的社会问题给暴露了出来。

1998年的“老人力”。新词的创造人是作家赤濑川原平。他在1998年出版的《老人力》一书中，将“容易健忘，没有警戒心”定义为老人力。该书成为畅销书，“老人力”也入选年度流行语。

2004 年的“负犬”。30 岁以上未婚、无子女的女性被定义为“负犬”。造词人是作家酒井顺子。

2004 年的“认知症”。日本厚生劳动省将“痴呆”一词转换为“認知症”。新词表现了整个社会对患者人格尊严上的考虑。

2005 年的“电车男”。这一年电视剧《电车男》播放，将“宅男”与“干物女”硬是重叠在“电车男”这个形象里。“电车男”也成了日本宅文化的一个代名词。

2006 年的“下流社会”。这一年，社会学家三浦展出版《下流社会：新社会阶级的出现》。之后“下流社会”一语开始流行，现在成了社会经济学的一个专业名词了。

2006 年的“草食男”。造词人是专栏作家深泽真纪。他在《日经贸易》连载的文章《U35 男子市场图鉴》中出现“草食男”一词，指对一切都失去兴趣、只顾低头吃草的特殊族群。与“草食男”对应的是“肉食女”。后者在 20 世纪 90 年代就已经在动漫界流行。

2008 年的“能增”。这是 NHK 在 2008 年使用的新词。NHK 在报道当年丰田汽车最终利润跌破 1 万亿日元后指出，从目前看“能增”的工厂暂时没有。“能增”是能力增强的略语。

2010 年的“电子书籍”。这一年是日本“电子书籍元年”，因此也产生了“电子书籍”这个词语。

2011 年的“死町”。2011 年的 3. 11 东日本大地震引发福岛核电站事故后，当时的经济产业大臣在记者会上说，街上一个人也没有，宛如“死町”。

2013 年的“结构人”。日语里有“风流人”、“趣味人”之说，这年又造出了“结构人”。这是一种什么样的人？首先是好人，其次是暧昧之人，再其次是无心机之人。这是应对近年来日本单身者、孤独者增多这一社会现象而创造出的新名词。东京都文京区千駄木在2015年新开了一家单身者咖啡店，店名就是“結構人・ミルクホーム”，孤独者的孤独之屋。

此外，日本近年还流行汉方的“医食同源”、健身的“森林浴”、风俗业的“淋巴按摩”、教育的“学级崩坏”、美容的“素肌感”、短视频的“表现筋”、料理的“豚味噌”、人口统计的“少子化”、经济现象的“格差”、社会现象的“若者论”、设计界的“轻薄短小”、美感界的“重厚长大”、网站的“电凸”等。日本人总是会在最短的时间内用最有效率的汉字创造出代表行业、代表时代的新词。在这方面，日本人总是有灵气地表现出恰到好处的感受性。

12. 承传庄子“庖丁说”的是日本人

日语的“左顧右眄（さこうべん）”，令人想起李白的“银鞍紫鞚照云日，左顾右盼生光辉”的诗句。当然还有曹植的“左顾右盼谓若无人，岂非君子壮哉”。庄子的“庖丁解牛”非常有名，但有名归有名，在中国厨房用的刀，还是叫菜刀或厨刀，将菜刀叫做庖丁的恰恰是日本人。这样来看继承庄子“庖丁说”的是日本人。镰仓时代的《徒然草》第231段里就出现了“庖丁者”和“庖丁”。在《今昔物语集》卷第26第23话里也出现了“庖丁刀”的记载。现在日本人所说的“庖丁”就是“庖丁刀”的略称。

轡，日语的读音为“くつわ”（kutuwa），是马具的一种，中文叫马嚼子或马口钳。日本中央竞马会出版的季刊杂志名叫“馬銜”。这本杂志的读音为“はみ”（hami）。但若查一下《广辞苑》就会发现“くつわ”有四种汉字表示：轡/鑣/銜/馬銜。这表明“馬銜”的读音也可以是“くつわ”。

北魏民歌《木兰诗》中有“南市买辔头,北市买长鞭”的句子。看来是日本人直接拿来用了。再看司马辽太郎的作品,字典里查不到的二字熟语很多。如“遠祖”“蓋世”“酒楼”“勅許”“拝跪”等,词源都是来自中国。“頑質”二字是在小说《坂上之云》里出现的,表示一个人顽固倔强的性格。现在看来这个“頑質”倒不折不扣地属于和制汉语。

“包”这个汉字,可组合成书包、挎包、提包、公文包等。但日本人不用这个“包”这个字,而是选用了“鞄”(kaban)。这是日本的国字吗? 不是。这个字在中国古代就有使用。《说文解字》将“鞄”记述为“柔革工”之意,但就是找不到日本人现在使用的“カバン”(包)的意思,就连后来的《康熙字典》也没有收录“鞄”的意思。原来是日本人将“鞄”字“国训”化了。何谓“国训”化? 就是对某个汉字赋予这个汉字本身所不具有的意义。还有“畳”字,中文一般用于重叠、叠韵等词。但日本人的“畳”是用来表示榻榻米。这也属于“国训”。再如“太”字。中国人用来表示“非常”,如“太好了,太漂亮了”等。而日本人则是用来表示“在发福,肥胖”,如“太い”“太る”等。

女人出卖身体叫“売春”,男人玩弄女人身体叫“買春”。“卖春/买春”这对词也是日本人发明的。“人の顰蹙を買う”,买人家的顰蹙/皱眉? 怪怪的。被他人讨厌了吧。日本人很注意他人对自己的感受。汉语词“人目”,非日语圈的人是看也看不懂听也听不明白的。有“人目を盗む”的说法。盗人眼? 如何盗? 这就是日本人的本事了。感受性世界第一的日本人,常有我们不能为的行为发生。

13. 不用汉字可以表述吗?

日本人经常思考的一个问题是:不用汉字,仅用假名的大和语言,能

把话讲清楚,对方也能听清楚吗？这也是学日语的外国人经常碰到的一个问题。现在看来,不用汉字,首先有理解上的困难。如：棄権は危険です(弃权是危险的)。“棄権/危険”这两个词都读“きけん”(kiken)。如果不看文字,能听明白危险是危险的还是弃权是危险的吗？再如：日本家长说小孩考取了“しりつ”(shiritu)中学,听者是不易明白的,是考上了“私立”还是考上了“市立”？因为两个词发音相同。于是有日本人怕听者误会,便说成是“いちりつ/itiritu”(市立)/“わたくしりつ/watakushiritu”(私立)。

再来看看下列的日语汉字词：

喫煙所。用假名表示的话,是：たばこを　すえる　ところ。

百科事典。用假名表示的话,是：さまざまな　ことを　ときあかす　ふみ。

哲学者。用假名表示的话,是：ものごとの　ことわりを　かんがえる　ひと。

你说,哪个更容易理解？日本人说还是汉字更容易理解。

其次是汉字的视觉印象要比其他语言更明确,有瞬间理解其意的利好之处。如：

じてんしゃおきば→jitensha-okiba→自転車置場

おおがたこうりてんぽ→oogata kouri tempo→大型小売店舗

しんさくひんはっぴょうかい→shinsakuhin happyokai→新作品発表会

你看,哪个更能瞬间取其意？显然是汉字。

“BOX”的和语是“はこ”(hago)。汉字有“箱/函/匣/筺/筥”等表示。但写“箱”与写“匣”,读者接受的印象是不一样的。“函”与“筥”给人的感觉也是不一样的。筑摩书房的宣传杂志《筑摩》2009 年 1 月号刊登了在已故作家姜信子的书房里发现的一行字：

“春樹に龍に詠美、宮部みゆき宮本輝。大江三島川端潤一郎鷗外一葉もあった。”

显然这些都是姜信子喜欢的作家。有趣的是书写作家姓名的时候，有的写姓写名，有的只写姓不写名，有的只写名不写姓，显得毫无规则可言。如：

姓名俱全的作家有：

宫部みゆき

宮本輝

只有姓的作家有：

大江（健三郎）

三岛（由纪夫）

川端（康成）

只写了名字的作家有：

（村上）春樹

（村上）龍

（山田）詠美

（谷崎）潤一郎

（森）鷗外

（樋口）一葉

非常有趣。好像是在玩汉字，实际上就是在玩汉字的视觉印象。汉字的不同组合，给人不同的汉字感觉。

当然日本人还有这样玩的：

2 葉亭 4 迷と樋口 1 葉→二葉亭四迷と樋口一葉。

4 国高知の40010 川→四国高知の四万十川。

一九六九年，侦探作家都筑道夫写成“千九百六十七年”。

第一三共製薬，这是日本的一家制药厂。是第一三制药厂吗？不清楚。

髪を七三に分ける，发型三七开。这里既不是“十三”也不是“七十三”。

上述例子如果舍弃汉字的话，能表示到位吗？那就很难了。

“一六银行”是日本当铺“質屋”的幽默表现。一+六=七。而“質屋”的“質”字读“しち”(shiti)，与“七”字的发音相同。在日本没有“一六银行”，但是有“十六银行”。那是在岐阜県岐阜市的一家地方银行。这家银行在明治五年(1872 年)被认可银行资格，是全日本第十六位被认可的，所以称“十六银行”。在大正时代的小说里，不会读洋数字(阿拉伯数字)的是穷人，不会读汉字数字的是知识分子。所以小说里有这样的句子：“汽车牌照为什么都写成穷人不能读的洋数字”？而现在的情况正好反了过来：汉字数字是知识分子常用的数字，洋数字连穷人和小孩都会念了。

现在，日本人在创新层面上持续地将汉字化进行到底，造出内容更深更广的汉字词汇。从这个意义上说，汉字就更难以被其他表现形式所替代了。如：

好事家表示宅男宅女。

嬲る表示欺凌的一种。

湯婆婆表《千与千寻》里的神隐。

毀誉褒貶表示分别受到完全不同的评价。

爬羅剔抉表示一种自如自在的感觉。

三行半表示网络和手机上的书写。

誰何表示盘问诘问。如同英语的 What are you?

姦しい表示三个女人一台戏,可不是强奸了三个女人的意思。所以当日本人说“姦しい”的时候,千万别胡思乱想。

就中,中文的意思就是“尤其/特别”。

惚気表示津津乐道地讲他人情事的一种好玩。

喋喋喃喃,这里的看点在于重叠的字不再用“々”来表示,想故意给人更强势繁杂的感觉。

你看,上面的汉字词语,如果用假名表示会如何?日本人说,如果是作家的话,可能稿费会多些,因为长长的假名,字数肯定超过汉字。如果是读者的话,可能头会晕目会炫,如同雾里看花。

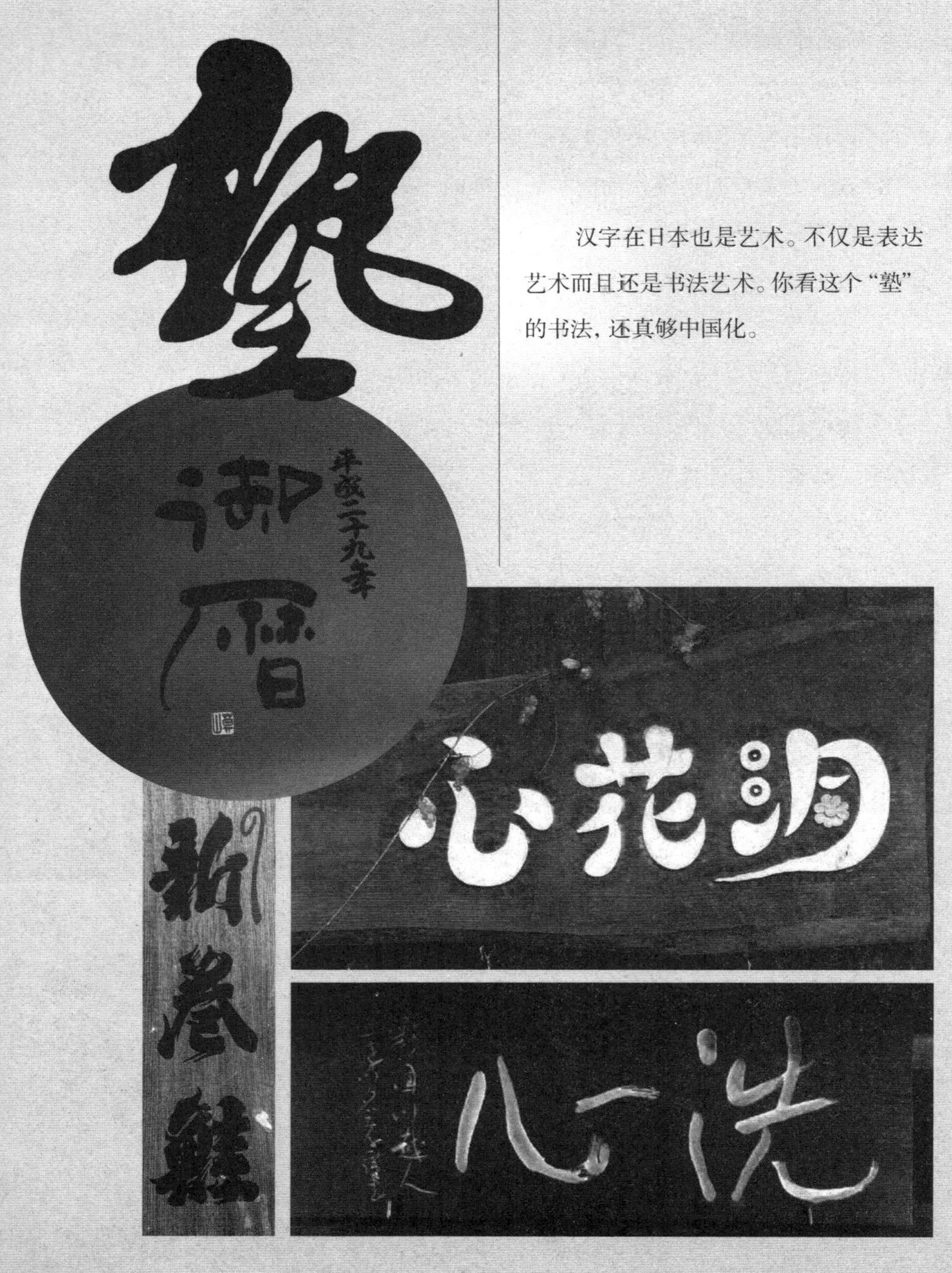

汉字在日本也是艺术。不仅是表达艺术而且还是书法艺术。你看这个“塾”的书法，还真够中国化。

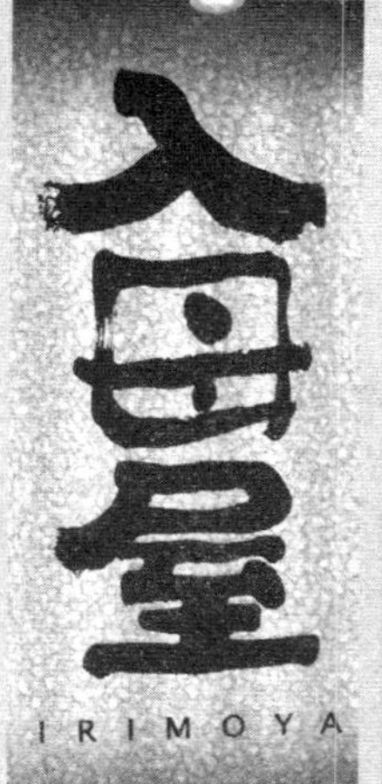

日本的一些招牌也是汉字书法艺术秀。你看，世田谷的“世”上面还有一点。而入母屋则是意思好玩书法也好玩。鸡乃物语也有特点。

日本小学生的书法字。每年的新年在明治神宫展出。汉字力从小培养。

皮膚科的“膚”写成片假名的“フ”。東武百货店的“東武”二字，可以写成“どーぶ”。此外还有ぜひ/ゼヒ/是非的三种表记。

火/水/侵/风/烟。生命财产保险的广告也在玩汉字。而悟空禅则在讲一道/一心/金刚。

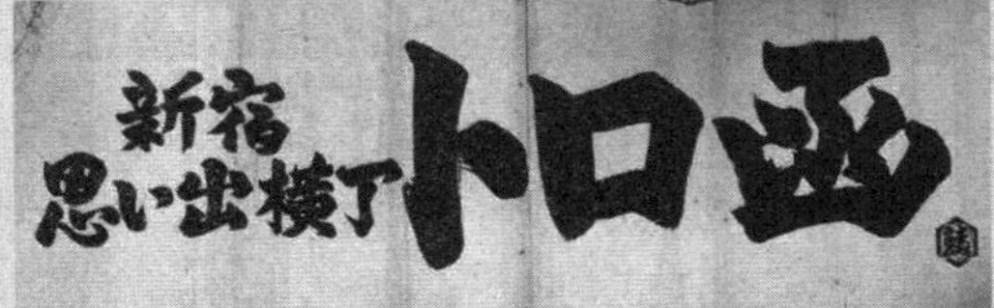

秀汉字店名。能多招揽客人吗？答案是肯定的。

宫崎县的地头鸡，非常有名。所以叫你过“日日是鸡日”的好日子。

日日是鷄日

原SMAP成员草彅刚的“彅”字，是国字。我们在写文章报道他的时候，只能用“剪”字来代替。

这是什么专门店？赤身肉是什么肉？

第七章

东风遇上西风：可口可乐与俱乐部的强强对决

1．定义日本国字第一人

2008 年，作家水村美苗出版《日本语消亡的时候》。

同一年，作家林望出版《日本语快死了》。

2010 年，学者金谷武洋出版《日本语不灭》。

日本语究竟灭还是不灭呢？

还真的不好说。但一个不争的事实是所谓的“汉字文化圈”已经不复存在。越南投靠罗马字，仿佛在憧憬当年法国的殖民时代；韩国已经废除汉字；朝鲜也早已不用汉字；新马泰更是与汉字不沾边。只有日本还在发扬光大汉字文化。它多种文体混书，试图走出一条未来文明的文字之路。无怪乎有日本人说汉字就是日本语。如在新潮出版社校阅部工作的编辑小驹胜美，就写有《汉字是日语》的畅销书。

从2007年的调查来看，全世界133个国家和地区有2 979 820人学日语。十年后的今天呢？具体数据不详，但日语热还在持续是个明显的事实。2016年日本人发明了一个新的汉字词“爆买”，就是持续的日本热在经济、文化和语言上的综合反映。那么，日本热的原因何在？日本学者是这样分析的：

（1）美丽的自然和庭园。

（2）清洁的大街小巷。

（3）为人亲切，举止优雅。

（4）交通便利。

但是还有一点这位学者没有提及。这一点就是日本语内在的魅力。

什么魅力呢？就是国字的魅力。确实，日本人创造了许多和制汉字。如：

栞→书签。“栞”是“枝折”。“枝折”的发音就是“しおり”（shiori）。折断的枝叶作为路标，是其词源。而作为“书签”之意则是始于江户时代，在这之前叫“夹算”，将竹和木削成超薄片当书签使用。书是一个没有尽头的语言之林，用“栞”作为一个放置的记号，表示我已经阅读到这里了。

雫→水滴。表现雨水垂滴的感觉。月之雫；露之雫；海之雫。滴水穿石。仅仅是一滴“雫”，就暗藏了唤起这种奇迹的可能性。

躾→教养。美之身。身之美。但美并非都天生，后天的教育，孩子从小的家教就显得非常重要。

峠→山口。山的上与下之间的境界；或者，山路爬坡结束将转为下坡的地方。类似中文的“山口”。

日本语熟语中有“三年片頬”一说，就是说武士三年只有一次露出喜怒哀乐的半边脸。那是在什么时候呢?日本人说一定是在又发现了一个国字的时候。

谈到日本的国字,就不能不提及新井百石和他的《同文通考》。

新井白石(1657—1725)是德川将军家宣的御用文人,当时日本知识分子的代表。他写《同文通考》,在1705年3月8日完成了下卷。刊行则是在1760年,间隔了半个多世纪。新井白石在《同文通考》卷四的"国字"条目里,用汉文回答何谓国字:

"白雉年间儒臣奉敕所撰新字四十四卷。其书泯焉。俗间所用亦有汉人字书所不载者。盖是国字。世儒既以为沩非通论也。今定以为国字。"

这就相当明确了。所谓国字就是"本朝文字"。这里"白雉年间"是指650年至654年之间,儒臣依据天皇之令编撰新字44卷,现已成佚书。《同文通考》里的国字总字数是76字。每一国字都用汉文作简短地解释。如:

働→ハタラキ→活也动也。

辻→ツジ→街也。

凩→コガラシ→风落木也。

现在看来,新井白石国字研究的主要功绩在于:

(1)他是定义日本国字第一人。

(2)收集了当时所能收集到的76个国字,并将其数据化。

(3)提供了今后日本国字研究的方法论。

(4)有相当的史料价值。

新井白石之后是中根元圭。他在1692年刊行《异体字辨》。字辨里的国字数量比新井白石整理的多了12个,如"匂"这个日本人现在常用的国字,就是在那个时候确定的。中根元圭之后是山本格安,后者在1733年刊行的《和字正俗通》里,收录125个国字。这125个国字中,有54字是重复新井白石的,有5字是与中根元圭重复的,此外再除去字体不明的13字,共有53个国字得到了补充。这53字中有31个国字现在仍然出现在日本的和汉辞典里,实用性和生命力可见一斑。总之,新井白石的54字,加上中根元圭的5字,加上山本格安的31字,共有90个国字现在日本人还在使用。这也表明了《和字正俗通》的重要性。1818年伴直方推出《国字考》。《国字考》的特点是文字排列不再依据部首,而是依据文字本身的意义,共有天地、人伦、衣食、器材、草木、鸟鱼、言语等7个部分。伴直方自己写的国字有125个,除去重复的37字,再除去与汉字同字形的文字,共有23字成了国字候补文字。伴直方之后是山崎美成的《文教温故》(1828年),收录了10个新的国字。1859年冈本保孝出版《倭字考》,认可了25个新国字。1897年木村正辞出版《皇朝造字考》,认可了227个国字。

综合日本众多的语言学辞典与事典,"国字"可以作如下的概述:

(1) 国字亦可表示为:倭字/和字/和制汉字/和俗字/本邦制作字/皇国所制会意字/日本制文字/和俗制作字。

(2) 国字主要为会意。

(3) 国字主要为训读,音读很少。

(4) 有相对古老的国字,但更多的是中世以后的新造字。

(5) 从对国字的严密认定和文献考据来看,日本的国字研究属于未完成型。

2. 1 006 个教育汉字的"観"与"議"

语言学家田中章夫在《日本语素描帐》(岩波书店,2014 年)里说：根据 2005 年世界母语人口的记载：第一位是汉语 8 亿 8 500 万人;其次是英语 4 亿人;西班牙语 3 亿 3 200 万人;日语是第 9 位 1 亿 2 500 万人;第 10 位德语 1 亿人。

处于第 9 位的日本人,是如何学习汉字的呢？原来,日本早在 1958 年就制定了"学年别汉字配当表"。当时有 881 个汉字。20 年后的 1977 年变为 996 个汉字。到 1989 年成了现在的 1 006 个汉字。表明随着时代的发展,汉字字数也在增加。当然这些都属于最为基本的汉字。那么这 1 006 个教育汉字是如何分配到各年级的呢？我们来看看。

小学一年级 80 字。其中包括笔画较多的"森""町""赤"等。

小学二年级 160 字。其中包括笔画较多的"歌""線""曜"等。

小学三年级 200 字。其中包括笔画较多的"葉""農""動""鼻"等。

小学四年级 200 字。其中包括笔画较多的"観""選""熱""機""議"等。到了四年级开始读写一些难度较大的"試験""機械""願望"等汉字词语。

小学五年级 185 字。其中包括笔画较多的"衛""構""態""職""製"等。开始接触成人社会的一些熟语,如"検査""規則""製造""貿易""損益""複雑""護衛"等。

小学六年级 181 字。其中包括笔画较多的"郷""臓""覧""優""劇"等。

从小学一年级到六年级加起来的汉字是 1 006 个。而中国小学生到六年级要学大约 3 600 个汉字。从一到六年级汉字配当表来看,日本小学生五年级学"舌"字,二年级学"話"字,但"話"字的右边已经是"舌"字了。还有“儀”字四年级学,但“儀”的右面部分的“義”字是五年级才学,而“儀”的下部分的“我”字是六年级学。另外,在六年级开始学习“陛”“皇”“后”等汉字,开始读写“天皇陛下”“皇后陛下”。问题是“妃”和“殿”二字不在小学阶段学习,所以日本的小学生没有机会掌握“妃殿陛下”这个词语。此外,六年级国语课本里还出现了“蚕”字,表明从小知晓传统养蚕业的重要性,但养蚕必不可少的“桑叶”的“桑”字,却不在小学阶段学习。总之,日本的小学生要在六年时间里习得的 1 006 个汉字(也叫“教育汉字”),并没有把几乎天天入眼的“丼”“鍋”“歳”等汉字收录进去。为此,活跃在教育第一线的日本教师也在吐槽这张汉字配当表。不过也有人认为有两个字分配的不错:日本人在小学四年级学“愛”字,中学二年级学“恋”字,先爱后恋。

3. 高中考汉字:“澶淵之盟/羈縻政策”

进入中学后,日本学生学习的笔画最多的汉字是“鑑”字,一共 23 画,之后依次是 22 画的“襲”字、21 画的“艦”字、20 画的“籍”字等。初中三年共学习 600~800 个汉字。日本的高中考试和大学考试经常出现的汉字考题,其难度还是很大的。如历史方面的“澶淵之盟”“羈縻政策”(当时唐对周边少数民族采取的政策)、“韃靼”等;地名有“深圳”“澎湖列島”等;书名有日本明治时期的外交官陆奥宗光的“蹇蹇录”,“蹇蹇”二字,出自《易经・蹇卦》“王臣蹇蹇,匪躬之故”;医学方面有“齲歯”“結紮”等不常用的汉字词语。高中生化学课本里还有“濾過”“坩堝”,生物课本里有“鱗翅目”“齧歯類”等汉字词语。

从教学要求来看,到高中毕业为止的日本汉字学习指导要领是“达到对常用汉字能读能写的程度”。但如果出现了常用汉字以外的汉字怎么办？作为教科书来说就有义务标注假名读音。如发表于1918年的芥川龙之介的小说《蜘蛛の糸》，现在看来有许多汉字就属于表外字。如“或日”的“或”、“御积迦様”的“迦”、“蓮池”的“蓮”、“蠢姿”的“蠢”、“云う”的“云”，甚至连小说标题《蜘蛛の糸》的“蜘蛛”二字也属“表外字”。如果这篇小说用于高中生的国语考试，就必须在这些汉字上标注读音。

“誰”“嵐”“闇”这三个汉字，日本的高中生基本都会读写，但1981年的常用汉字表没有将这三个字收录其中。所以如果在考题上出现“嵐の闇夜にやってきたのは誰だ”这句话，出题方就有义务在这三个汉字上标注假名。当然在2010年的改定常用汉字表里，最终还是收入了这三个汉字。问题是表里不收录的字，并不等于在日常生活中就碰不到。如“贅沢な鞄を貰った”（得到了一个奢侈的包包），这是一个常用句，但即便常用，句子里出现的“贅”“鞄”“貰”这三个汉字也必须标上假名读音，因为这三个字属于表外字。其他的诸如“猜”“狼”“嬉”“妓”“埃”“锚”“钉”“咳”等汉字，尽管也构成了很多常用词，但毕竟也都是表外字。就连日本人平时说得最多的“嘘”这个汉字，也属于表外字。

日本每年要进行汉字能力检定等级考试（简称汉检）。这种汉检与教育汉字是一种什么关系呢？我们来看看：

七级考试——小学四年级程度（640字）

六级考试——小学五年级程度（825字）

五级考试——小学六年级程度（1 006字）

四级考试——初中一年级程度（1 300字）

三级考试——初中二年级程度（1 600字）

二级考试——高中毕业程度（常用汉字1 945字+人名用汉字

274字）

准一级考试——常用汉字以外能读懂国字（3 000字）

一级考试——能写国字，掌握常用汉字体和旧字体的关系（6 000字）

当然更重要的是参加一级考试者要会读会写以下的汉字：

憂鬱/薔薇/檸檬/薫陶/僥倖/霹靂/顰蹙/蘊蓄/矍鑠/穿鑿/語彙

这么多笔画，连我们汉字发源地出生的中国人，都望而生畏吧。

4. 强强对决：可口可乐与俱乐部

汉字是日本语吗？

日本人经常提出这个问题。

要回答这个问题，我们先来看看日本人是怎样用汉字来翻译西文的。

谈论日本的汉字，绕不开的一个话题是日本人的造词能力。

在夏目漱石残存的日记里有这样的句子：

Law ハnature ノworld ニ於ル如ク hunan world ヲgovern シテ居ル。

还原成日语的话是：

法は自然界におけるごとく人間世界を統治している。

翻译成中文的话是：

如同在自然界一样，法统治着人间世界。

夏目漱石为什么要这样表示？一个原因就是当时还没有“法”“自然”“世界”“统治”等汉字词语。

显然表现力很强的汉字起到了很大的作用。日本人在幕末明治期间新造汉语词，大体在1 000词左右。日本现代化进程所必需的词语，基本上都是用汉语翻译的。那时就连京都的艺妓们也会这样说：霧雨ニ盆地ノ金鱼ガ脱走シ火钵ガ因循シテ。你看，霧雨→盆地→金鱼→脱走→火钵→因循。用得很灵活。尽管有日本人说这是"陳糞漢語"，但也表明这些汉字汉文已经不自觉地成了近代日本人修养的一部分。

从这一视角来看的话，近代日本人对西文的翻译，确实有"春江水暖鸭先知"的意味。"美学"是日本近代启蒙思想家中江兆民对"aesthetics"的翻译；"小说"这个概念是日本近代作家坪内逍遥对"novel"的翻译；"文学"是明治学人西周对"literature"的翻译。西周在明治初期，建私塾育英舍，翻译西洋诸学并多次讲学。其笔记以《百学连环》为书题而留世。"哲学""心理学""生理学""地理学""物理学""化学""天文学""植物学""動物学""地質学""学術""技術""鉱物学"等词都出自《百学连环》。

1774年(安永三年)杉田玄白出版《解体新书》。这是荷兰本的医学翻译本，原名为"Tafel Anatomie"。杉田玄白最初想用汉音来翻译荷兰语的书名："打系缕亚那都米"。但在出版的最后时刻将其修改成了《解体新书》，用汉字"解体"来表示内脏器官，同时也创造了新词"解体"。1871年(明治四年)岩仓遣欧使节团成员之一、长崎精得馆医师长与专斋，将"hygiene"一语翻译成了"衛生"。"共产党"一词，也是由日本最早的社会主义者幸德秋水翻译的，后被陈望道等人引入中国。

福泽谕吉最初将"society"翻译成"仲間連中"，后觉不妥，最终定稿成"社会"。但中国的严复不买账，拒绝使用日译的"社会"，坚持自己的翻译"群学"。现在看来，取胜的还是日本人。还有一个版本的说法是："社会"最初的译者是明治初期的新闻记者福地源一郎。具体是在

1875年1月14日的《东京日日新闻》上,“社会”两个汉字标上了“ソサイチー”(society)的发音。但是中国南宋文人孟元老撰写的散文名著《东京梦华录》里,已经出现了“社会”这个词语,这里的“社会”是指25户为中心的氏神,集合起来举行演讲活动等。显然这里的“社会”一词更接近共同体的意思。这样看来,将“society”翻译成“社会”的是日本人,而用汉字创造出“社会”一词的是中国人。

过去,日本天文学界翻译“planet”一词时,东京大学一派使用汉字词“惑星”,京都大学一派使用汉字词“遊星”。日本行星科学会机关杂志《遊星人》显然是采用了京都大学一派的汉译。“二战”后不久是“遊星”占优,出版物有《遊星より物体X》(1951年)、《遊星ザイラー》(1951年)等。但后来“惑星”逆转,出版物有《禁断の惑星》(1956年)、《猿の惑星》(1968年)等。现在日本还是“惑星”占优。而将“Pluto”翻译成“冥王星”的是日本的野尻抱影博士,他是从罗马神话里的冥界王那里受到的启发。不久“冥王星”一词进入中国。顺便提一下,天王星与海王星是中国人命名的。

“瓦斯”一词来自荷兰语,日本人最先用汉字写成“瓦斯”。我们中国人至今还在使用,但日本人早已不用汉字而用片假名“ガス”(gasu)表示。如“東京ガス株式会社”(东京煤气公司)。“物流”二字的组合在江户时代就有了。那个时候日本人用船将大米等物品运往全国。但是现代意义上的用货车运送的“物流”概念,是日本人对“physical distribution”的汉译。《广辞苑》在1991年第四版收入了这个词语。20世纪80年代中期中国的《人民日报》上也出现了“物流”一词,显然这是从日本人那里学来的。

再如“保险”一词,本是中国人的创意,用来表示“安全,无错”等含义，但将其用于经济学领域，即用来表示“insurance”或“insurance company”，则是日本人的发明。日本人还认为中国人翻译外来语的杰作是“可口可乐”，日本人自己翻译外来语的杰作是“俱乐部”。“可口可乐”与“俱乐部”，当属东洋的强强对决。

“现在”是英语“present”的汉译吗？这是有疑问的。佛教讲“三世”观，前世叫过去世，现世叫现在世，来世叫后世。这些佛教用语在奈良平安时代从中国传到日本。中国人是在三四世纪的时候，日本人在八九世纪的时候开始使用外来佛教语。显然，佛教语的“现在”与英语的“present”在语感上是有差异的。前者只是前世与来世的中间段。但从日语的“いま/ima”（今）看，是与英语的“present”相吻合的。

日本最初公开发行的英语辞书是在1862年由幕府洋书调所出版的《英和对訳袖珍辞書》。“English-Japanese”用“英和”两个汉字来表示，现在看并不稀奇，但在当时可是翻译史上的奇迹。“袖珍”是英语“pocket”的翻译，这是中国人的杰作，日本人借用了。“辞書”是对荷兰语“woordenboek”的翻译，这是日本人的创作，中国人借用了。

5. 从中国古典中寻找灵感

2007年4月，日本全国大学都把“助教授”都改为“准教授”，把“助手”改为“助教”。这是参照了美国大学里的“associate professor”的语译。其实“助教”一词来自中国。《晋书·武帝纪》记载咸宁二年（276年）设立国子学（学校之意），设国子祭酒和博士各一人，助教十五人。日本在平安时代模仿唐律，在701年制定的《大宝律令》里，将教育机关称之为“大学寮”，设置作为教官的博士一人，助博士、音博士、算博士、书博士各二人。718年的《养老令》则将“助博士”改为“助教”。也就是说中国在

276年使用了“助教”一词，日本则是在718年首次拿来使用。

再看“影响”一词。从文字看是影子与声响的混合。《尚书·大禹漠》记载：“禹曰：‘惠迪吉，从逆凶，惟影响。’”翻译成现代文大体是：“禹说：顺从善就吉，顺从恶就凶，就像‘影’与‘响’顺从形体与声音一样。”日本人将“影响”一词拿来，给予了涉及其他的作用、反应、变化等意思，如具有影响力，带来很大影响等。现在的中国语也在这个意义上使用“影响”一词。这就意味着这个词是从日本逆输入而来的。

还有“共和”一词的翻译。这是当时其作阮甫的养子省吾从荷兰语“Republiek”翻译而来的。当时的老儒大槻磐溪问其字源的缘由，才知道是来自中国西周时代故事里的“共和”二字。当时周的厉王由于实施无道的政治，遭到人民的怨恨而出逃。这时周公和召公二宰相共同协力，在周王不在的情况下照样实施了14年的政治。这就叫“共和”。这个出自《史记·周本纪》的故事，是“共和”的缘由。这个“共和”虽然与近代意义上的“republic”有不同，但在当时已经是最为妥当的汉字表示了。

思想，在中国古典里原本是“认为，想象”的意思。三国时代的英雄曹操有诗句：“愿螭龙之驾，思想昆仑居。”意思是只想乘上螭龙，安居在我想象的那昆仑之巅。诗句里的“思想”就是“想象”的意思。日本人借用中国古典汉语，把英语“thought”“idea”“opinion”等翻译成“思想”。

“文化”在3世纪的晋人束皙的诗句里为：“文化内辑，武功外悠。”这里，与“武功”相对应的词，古代中国人用“文化”来表述。日本人借用汉语“文化”一词，把“culture”翻译成“文化”。

关于“文明”，我们发现《易经·乾卦文言》有“见龙在田，天下文明”的句子。这里的“文明”是光彩和光明的意思。对中国古典造诣很深的日本人，则借用这二字，把“civilization”或“enlightenment”翻译成“文明”。

还有“革命”。最早出现在《周易》里的“汤武革命，顺乎天，而应乎人。”本来应该是“顺乎天命”的意思，但日本人把它用来翻译英语的“revolution”。有了“革命”这个词，中国人很快就熟练地用上了，如“辛亥革命”“十月革命”“中国革命”，当然最著名的一句话就是“革命不是请客吃饭”。

“权利”与“义务”是日本人对“right”与“duty”的翻译。中国古籍里早已有这两个词。《史记·郑世家》记载：“以权利合者，权利尽而交疏”，两次出现“权利”。这里的“权利”是“权与利”，也即“权势与利益”的意思。虽然英语的“right”与这个意思不同，但日本人能选择“权利”这两个字，显然还是受了《史记》的启发。“义务”来自《论语·雍也》：“子曰：务民之义，敬鬼神而远之，可谓知矣。”日本人的创意在于将二字作了颠倒：从“务义”到“义务”。

日本城市“仙台”的名字来自唐诗“仙台初见五重楼”，东京“浅草”的地名来自白居易《钱塘湖春行》“浅草才能没马蹄”。明治时期接待外国贵宾的“鹿鸣馆”意取《诗经》“鹿鸣，宴群臣嘉宾”；明治维新的“维新”一词，来自《诗经·大雅·文王》“周虽旧邦，其命维新”；东京都文京区“后乐园”的“后乐”二字，来自范仲淹《岳阳楼记》的名句“后天下之乐而乐”；日本政府官厅厚生省的“厚生”二字，来自《尚书·大禹谟》的“厚生惟和”；著名的庆应大学的“庆应”二字，来自汉高祖《功臣颂》里的“庆云应辉，皇阶受术”；坐落于东京九段下的靖国神社的“靖国”二字，来自《春秋左传》里的“吾以靖国也”；而靖国神社正殿旁的“游就馆”，“游就”二字则来自荀子《劝学篇》“故君子居必择乡，游必就士”；日本人现在使用的“观光”二字，来自《易经》里的“观国之光”。此外，日本人还根据《易经》中的“形而上者谓之道，形而下者谓之器”，将西方哲学中探究宇宙万物根本原理的那一部分译为“形而上学”。这在翻译学上来说可谓做到了“信达雅”。

而更为亮眼的是日本天皇家,他们取《易经》“圣人南面而听天下,向明而治”的字句,成为“明治”年号;取《易经》“大亨以正,天之道也”的字句,成为“大正”年号;取《尧典》“百姓昭明,协和万邦”的字句,成为“昭和”年号;取《五帝本纪》“父义,母慈,兄友,弟恭,子孝,内平外成”的字句,成为“平成”年号。随着现任天皇明仁提出退位,平成纪年行将结束,日本人肯定又要在中国的古典里找寻下一个年号了。

英语的“Bank”一词,当初日本人的翻译是“两替屋”,后来用的“银行”是中国人的翻译。对于这个翻译,日本人说这里的“行”显然是表商店之义,而在日本“行”字则没有这层意思。言下之意,这个翻译并不妥当。但无论妥当与否,日本人最终还是认可“银行”一词并用到现在。而中国人现在用的“金融”一词,则是日本人的创造。“砂糖”与“沙糖”,前者是日本人创造,后者是中国人创造,早在明末的博物书《本草纲目》里就有“沙糖”二字。“电子计算机”是日本人的汉译,固然不失新意,但中国人的翻译“电脑”则更具想象力。

日本人至今还将外国人入籍称之为“归化”。殊不知“归化”恰恰是中华思想的产物。周边属国靠向中华皇帝的德,“内归钦化”,即归属中华。这里,日本人玩弄的是“历史的狡黠”。在720年(养老四年)5月11日成书的《日本书纪》中,就有13例“归化”的用例。其中10例是地处朝鲜半岛的高句丽、百济、新罗等。而712年(和铜五年)1月28日成书的《古事记》里,未找到“归化”一词,而是用“渡来”“参渡来”代替“归化”。

由上可见,日本人的这些译词既是对汉字本质的精到领悟,也是对西文原意的小心契合，透出的是一种文化心机，一种感受性强于逻辑性的文化心机。而当富有逻辑性的汉文遇到感受性的日语，发生的物理反应也是意料之中的。当然有阴阳相克的一面，但更多的是相融和相关。

6. 公司→会社：中日两国造词的不同

日本人开始学英语，是在什么时候？通说是在1808年(文化五年)。这一年英国军舰长驱直入长崎，恐慌的德川幕府要派官僚与英国人对话，但找不到能用英语与英国人对话的官僚。这令幕府大为恼火。当时的长崎奉行为了承担这一责任，在众人面前切腹自杀了。从那个时候开始，幕府下令长崎的官僚们必须学习英语。后来幕末、明治知识分子的英语水准的迅速提升，就与这段历史有关。如对翻译新汉字词有贡献的西周(1829—1898)就是蕃医之子，福泽渝吉(1835—1901)是下级蕃士之子、中江兆民(1847—1901)是最下级武士之子。这些知识分子都是中流实务阶级出身，在他们的眼里，汉文不再首先是风雅趣味，而是现实社会的现实需要，是引进新文明与新文化的一种教养。

毫无疑问，明治时期是日本人汉译新词最为凶猛的时期。如在江户时代还没有的棒球用语，投手/捕手/打者/走者/一塁/二塁/次塁/安打/本塁打，等，就是明治时期的产物。投手来自pitcher，捕手来自catcher，打者来自batter，走者来自runner。日本人说这些是和制汉语。那么有和制和语吗？有。只是比较少。如前岛密将“postage stamp”翻译成“切手”(邮票)就是一例。而在“切手”前面加个“小”字成“小切手”就是“支票”的意思。中文的“外汇”日语是“為替”。这是福泽谕吉针对“money order”的和语翻译。

日语学者认为，统合明治时期的翻译，其最为经典的还包括以下这些：

化学用语——空气、温度、碳酸瓦斯、硫酸、硝酸、亚硝酸、酸素等。

政治经济用语——政府、经济、权利、大统领、国会、代议士、国债、统计、输入、输出、输送、商法、生意、营业力、饮料、纸币、农牧业、价格、消费高、贸易等。

其他——消化、进步、新闻、教育、研究、番号、手术、捏造、发明、榨取、阻力、裁判所、石碱、针叶树、广叶树等。

有趣的是，当时在日本人翻译的同时，中国知识分子也在翻译。对同一个西文单词，中日两国的译词有所不同的有：

Post office——邮政局→郵便局

Company——公司→会社

joint stock——股份→株式

chairman——主席→議長

swimming——游泳→水泳

railway——铁路→鉄道

station——火车站→駅

train——火车→汽車

automobile——汽车→自動車

还有一些新词，原本是中国翻译的，然后传到日本，若干年后再传回中国，中国人就以为这是日本人的创造了。这样的事例很多。如"化学"一词是在中国的传教士的翻译，最初中国人没有重视这个翻译。传到日本后，日本很快就舍去了原本来自荷兰语的"舍密"（せいみ），采用了"化学"，然后再传入中国，中国人就以为这是日本人的新译词而将接受了。

当然,现代汉语中的与社会科学相关联的词汇,至少一半是从日语中引进而来是个不争的事实。如“金融/投资/抽象/调查/绷带/科学/经济/自由/进化/宪法/民主主义”等。实际上当时清末的中国人也在大量翻译西洋用语,如“telephone”翻译成“德律风”,“evolution”翻译成“天演”。但随着清末中国人去日本留学后,原本中国人构思出的汉字新词被束之高阁,日本人构思出的新词被普遍使用。发中国的音,取日本人造的词,如“电话”“进化”。鲁迅还写文章说,德律风与电话,自然是电话好。这表明:

古代中国→古代日本/近代日本→近代中国。

受恩→返恩的回路,就是用汉字表示的两个无法割舍的情分世界。

7. “sushi”: 日本产的“世界通用词”

2011 年 3 月 11 日东日本大地震引发的大海啸,日语叫“tunami”(津波),这个和语词被世界所熟知。但如果追溯最初的话,1898 年小泉八云的短篇集里就出现了“津波”一词,这是对 1854 年在纪伊国广村(现和歌山广川町)发生的安政南海地震引发海啸的命名。1968 年由美国海洋学者韦顿提议,“津波”的日语发音“tunami”正式成为国际学术用语。

向海外输出的和制日语中,最为有名的还有:富士山(fuji-ya-ma)、柔道(judo)、神风(kamikaze)、寿司(sushi)、艺者(geisha)、卡拉 OK(karaoke)/。

被世人广知的还有大名(daimio)、腹切(harakiri)、着物(kimono)、琴(koto)、梅干(umeboshi)、帝(mikado)、人力车(rikisha)、浪人(rounin)、三味线(shamisen)、酱油(syouyu)等和制日语。这些和制日语早在 20 世纪初就已经在一本叫做《チエンバーズ英語辞書》中出现了。当然,属于

“日本产”的世界通用词还有“台風”。虽然江户时代的泷泽马琴在小说《椿说弓张月》里使用过“台風”一词，被视为日本最早的使用者。但有一种意见认为，将“台風”用于气象学上，并与“颱風”相对应，则是由第四任中央气象台台长、著名的气象学者冈田武松（1874—1956）完成的。

日语的“寿司”，欧洲和美国用其读音“sushi”。英国党首演说时使用的带有“政权公约”性质的“manifesto”一词，日语将其发音用片假名写成“マニフエスト”。日本人将国名用汉字表示也与中国的不同：アメリカ的汉字为“亜米利加”（美国）；イギリス的汉字为“英吉利”（英国）；フランス的汉字为“仏蘭西”（法国）；デンマーク的汉字为“丁抹”（丹麦）；ドイツ的汉字为“独逸”（德国）；ベルギー的汉字为“白耳義”（比利时）；イタリア的汉字为“伊太利”（意大利）；カナダ的汉字为“加奈陀”（加拿大）。用汉字表示欧美国名，有一种与过去相连的怀古氛围。

再如“タバコ”对应的汉字是“煙草”；“ビ-ル”对应的汉字是“麦酒”；“ガラス”对应的汉字是“硝子”；“ヒヤシンス”对应的汉字是“風信子”；“コーヒー”对应的汉字是“珈琲”等。这些汉字也多少飘逸着古风感。反过来，人——ヒト，総理——ソーリ，広島——ヒロシマ，風俗——フーゾク，这种汉字词用片假名表示，感受也有微妙的不同。坐落于东京都丰岛区池袋的东武百货店，“東武”二字的广告词可用假名“とーぶ”表示，也用罗马字“TOBU”表示。日常用语的“虫歯”（むしば/mushiba），齿科医生喜欢用专业术语“齲歯”，表现出一种灵活性。人名“中村”如果写成“ナカムラ”（nakamura）就有日裔的感觉；如果写成“中むら”则是餐馆广告招牌的感觉；而如果用“中むら”作为论文的署名，就非常奇怪了。还有诸如“報復→仕返し”“音楽→ミュージック”“幸運→ラッキ”等的用法，给人轻松语感的显然是后者而不是前者。“接吻”与

"キス(kisu)",接吻的是丽人,キス的是美人;男装的是丽人,女装的是美人;长命的是丽人,短命的是美人;泡澡穿白短裤的是丽人,泡澡全裸的是美人;丽人不知五木宽之,美人只读五木宽之。

在日本,城市旅馆叫"シテイホテル"(shiteihoteru)或"ビジネスホテル"(bijiresuhoteru),但在英语国家没有这种叫法,看来这是纯粹的和制英语。"モーニングコール",被日本人设定成在规定的时间里用电话叫醒入住者的意思。英语虽然有"morning call"的说法,但主要表示"早上正式访问"之意。"call"一词除了有"叫唤,打电话"的意思之外,还有"职务上的访问"的含义。打电话唤醒入住者的服务,英语单词是"wake-up call"。这样看来"モーニングコール"的说法也是典型的和制英语。还有日本人惯用的早上用餐提供折扣服务的"モーニングサービス"也是和制英语。虽然英语里也有"morning service"的用语,但这是"早上做礼拜"的意思。在日本的酒店,与英语用法大致对应的"room service",是和制英语的"ルームサービス",表示酒店向客人提供用餐送至客房的服务。日本的和制英语也是从明治时代开始的,将习得的英语单词自由组合,表明了语言活用的一种自在性。

但对日本人来说,这种自在性有时也会遭遇一些历史的尴尬。如同样是"慰安妇"的英语翻译,日本方面当然喜欢用"comfort women",但是原美驻日大使则在2013年5月15日的《朝日新闻》发文说,"慰安妇"应该直译成"sex slave",要给人强烈的道德与宗教的嫌恶感才行。

8. 季语里的汉字美

论说东洋与西洋,讲到傲人之处的诗文当然在中国,但讲到俳句里的季语美当属日本。作俳句要讲究季语。季语是俳句的精魂。如果没有鲜明的四季转换，没有鲜明的四季转换所带来的自然之美，俳句就不会作为一种文化流传至今。所以有日本人说日本不是四季之国而是六季之国。这六季就是天文、地理、生活、行事、动物、植物。正因为有了这六季，俳句里的季语才得以诞生。这里精选春夏二季的季语汉字如下。

1）精选春的季语汉字前5

A 春昼→しゅんちゅう→syuntyuu

有听过春宵的。如苏东坡的名句“春宵一刻值千金”。春宵与宵春是同一含义。日本的季语有“春昼”一说。春之昼，昼之春。日本人将其间发生在生理上和心理上的倦怠、易眠、日暖、萌动、悠闲，用春昼表示。“春昼抱着妻子归”“松叶燃烧的春昼”，都是日俳的名句。从大正时代开始，“春昼”一词作为新的季语开始使用。在这之前的替代词是“春日”。但感受细腻的日本人发现，春日是在春的日光里，春昼是在一个独特的“昼”这个时间带里，有一个“我”的中心的存在。所以，春日更多的是生出孤独感，春昼更多的是生出倦怠感。日语还有一个叫“長閑”（のどか）的词语，表示温暖的春昼让人从心底感到舒缓安逸。

B 淡雪→あわゆき→awayuki

这是《万叶集》里就出现过的词语。“淡雪”是属于冬天的还是属于春天的？一直有争议。江户时代的俳谐将其纳入冬的季语，近代以后的俳谐将其归入春的季语。下雪，积雪，但很快就化了，所以日本人将淡雪又比喻为牡丹雪。早春二月，寒气袭来，东京下雪了。但再怎样的纷纷扬扬，再怎样的漫天满地，都难成积雪。哦，从化雪的瞬间，人们还是感悟到春的脚步了。江户“大愚”良宽有歌云：淡雪里有三千大千世界。三千大千世界里沫雪纷纷下。良宽原文以“あは雪”指代“淡雪”，并创造了“沫雪”表示与淡雪相同的意思。佛教宇宙观的三千大千世界，讲的是以须弥山为中心的小宇宙聚集了一千个小千世界，再聚一千个为中千世界，再聚一千个为大千世界，最终为“三千大千世界”。良宽从易融易化的淡雪里感受到了大宇宙。淡雪也为此作为报春雪而变得壮丽无比。正冈子规的俳句说淡雪的后面有个明明的月夜，倒也将早春的凛冽和寒气写了出来。但月夜下，钩起的还是人的春心。还是春。

C 春一番→はるいちばん→haruitiban

在立春与春分之间，突然有一天刮起猛烈的偏南风，这在日语里叫“春一番”。然后是春二番、春三番。这是早春的人气季语。日本各地的商业街会举行“春一番大减价”等促销活动。将初春的强风表现为春一番，最早是在1959年。而对这个季语最具权威的解说者是民俗学家宫本常一，他说位于日本九州北方玄界滩的壱岐岛，入春后吹的第一场南风叫春一番，在海上的渔民惊恐万状。“春一番/少女双手提水壶”，这是俳人福田甲子雄的俳句。

D 菜種梅雨→なたねつゆ→natanetuyu

菜花开，春雨长。日本人为此用四个汉字组合成“菜種梅雨”，也叫“春霖”。这时应该是在三月或四月初，还没有进入梅雨季节，但春雨“沙沙”地下，花色小伞，辉映着菜花，别有一番雨中风情。1919年初上演的《月形半平太》，就有流传至今的台词“春雨呀春雨，湿透了湿透了”。清明时节雨纷纷，用日语表示恐怕就是季语“菜種梅雨”了。“菜種梅雨/走廊上亮着灯”，这是神野纱希的俳句。

E 遍路→へんろ→nenro

春，还是游历（遍路）的季节。而游历又与四国有关。日本四大岛屿中位于西南的那一个叫四国。在古代，岛上有四个诸侯国，这便是四国一词的由来。四国有88间寺庙，当然也成了朝圣之地。平静的濑户内海和绿叶葱葱的深山，养育出对人的温情和好客之心。在明治时代，婚嫁前的女孩，为了知晓人情世故，便带着友人去四国遍路。而将遍路途中得到的东西带回家后就会发财。当然也可将贫困人家的小孩带回家。与信仰同路的人生修行就是“遍路”之道，也是春风吹拂之道。

2）精选夏的季语汉字前5

A 明易→あけやす→akeyasu

一年中夏至的白昼是最长的。在大阪，清晨五点不到就有日出，落日要晚上七点过后。日语里有“夏至的白昼要吃三顿饭”的说法。当然，夏至前后的夜晚很短，有“短夜”的说法。因为是短夜，表明天亮来得太容易，所以创造出“明易”这个夏天的季语。“马上就来/子规的梦太明易”，这是高浜虚子的俳句。

B 夕凪→ゆうなぎ→yuunagi

黄昏，海上风平浪静可以叫“夕凪”。而在海岸边，白昼的海风与陆风交替的一个结果，就是海上和陆地均无风。而一旦无海风，给人的感觉就是闷热。夏日的闷热，日本人也叫“夕凪”。日本人就是在感受闷热的同时，也感受到夏日夜晚特有的“夏味”：冰啤与冰酒，隔窗远看海的那边，暮色在降临。所以日本人有“旅行三日夕凪地狱三日”的说法，特别是在濑户内海的旅行，更要忍受这种闷热的“夕凪”。而在诗人堀口大学的眼里，“夕凪”的状态就是夏日黄昏时分最好的状态：无风，万物响声绝。人，能听到花的呼吸。花，能听到人的心跳。夕凪，与海边蜻蜓乱舞。

C 蝉时雨→せみしぐれ→semishigure

夏日炎炎的午后，万籁俱寂。而在落叶松林中，在通往神社的参道两旁，震天响的蝉鸣声此起彼伏，如阵雨劈头盖脸砸将过来，几欲撑破人的耳膜。日本人将这幅光景诗意地表述为“蝉时雨”。“恍如瀑布的蝉时雨”,这是泉镜花的名句。蝉时雨覆盖了一切,吞噬了一切,但也是树林中最宁静的时候。日本有一部电影的名字就叫《蝉時雨の止む頃》(《蝉鸣暂歇之时》),将出梅和突然而来的阵雨与起伏不定的人生连接起来,人生也就成了俳句一个季语:“梅雨明けになるや俄かに蝉時雨。”当然论及蝉时雨的俳句,就不能不提及正冈子规这一句:“人力の森に這入るや蝉時雨。”森林与蝉鸣,夏天与时雨。

D 水無月→みなづき→minatsuki

水无月是阴历六月的称呼。黄梅已过,持续的晴好天气,带来持续的炎热与干旱。没有雨水的月份。但也有一说与此正相反:水无月是插秧结束,有必要往稻田里灌水的月份,故也叫“水涨月”“水之月”。《万叶集》里最早出现了“水无月”一词。在日本,水无月还是一种日本糕点的美名。六月的京都,也进入“水无”的季节,但如何在水无也能看到那高悬的明月?于是,以小红豆为点缀,形如冰状的三角糕点出现在人们的视野。为什么是三角形的呢?原来三角给人消暑的感觉。据说在江户时代就有这种越夏消暑的糕点,让人们在月下吃出好心情。与水无月相关的季语俳句有火箱游步的名句“水無月の二つ四角こともなし”。

E 原爆忌→げんばくき→genbakuki

1945 年的 8 月 6 日和 8 月 9 日,美军分别在广岛和长崎投下原子弹。人类历史上唯一遭遇原子弹轰炸的国家就是日本。原子弹投下的这两天,日本人把它定为“原爆日”,作为夏的季语,就叫“原爆忌”。因为一般的国语辞典还没有收入这个词,所以“原爆忌”就是俳句世界独有的词语。“子を抱いて川に泳ぐや原爆忌”,这是俳人林徹的名句,说的是与孩子一边游泳一边触景生情地勾起了回忆。因为在投下原子弹的当天,广岛的河川漂满了惨死民众的尸体。此外还有俳人大井雅人的名句“八月の月光部屋に原爆忌”,屋子被照亮,像在月光下。

9. 喜欢“在宅看護”还是“在宅ケア(kea)”?

曾经的“稲毛屋”现在写成“いなげや”(inageya);曾经的“駿河银行”现在写成“スルガ(suruga)银行”;曾经的“津村順天堂”现在写成“ツムラ(tumura)順天堂”;曾经的“豊田纺織”现在写成“トヨタ(toyota)纺織”;曾经的“日本冷藏”现在写成“ニチレイ”(nitirei);曾经的“能率風呂工業”现在写成“ノーリツ(no-ritu)風呂工業”。这表明当今日本有把汉字表示转换成假名表示的趋势。埼玉县浦和市和大宫市、与野市合并,成为首个不用汉字表示的城市:“さいたま(saitama)市”。跟进的是东京都秋川市与五日市合并,成为不全用汉字表示的“あきる(akiru)野市”。用平假名书写城市名这很令日本人吃惊,因为这步子跨得太大太快了。更为显眼的是原来的“東洋陶器”经过“東陶機器”最后成了“TOTO”。原来的“東京電気化学工業”最后成了“TDK”。原来的“伊奈製陶”最后成了“INAX”。日本人在喜欢假名的同时,也喜欢罗马字。

为什么喜欢用片假名呢? 原来在日本人的感觉中,片假名有好看、进步、高尚、明了、感觉轻松的一面。如“在宅看護”就没有“在宅ケア”鲜明,“日帰り介護”就没有“デイサービス”(deisa-bisu)轻松。介护本身是个缺少朝气的累活,如何使其更明亮更轻快些,日本人首先想到了语言上的变化。

但是过分泛滥的片假名也有问题:老年人无法看懂和接受。如多少年前电视广告经常出现的话语:

“東京都は環境ロードパラインシング実施中”

“多摩地区大学間コンソーシアム構想”

能看懂吗？据调查只有很少一部分的日本人能看懂。“ロードパライシング”是“负荷，分散”的意思，“コンソーシアム”是“组合，连合”的意思。那为什么不用人人都明白的汉字呢？当时的厚生大臣是前首相小泉纯一郎。他为此在厚生省内设立了“用语适当化委员会”，要求公文书写尽可能不用片假名。如“ニーズ”（ni-zu）用“需要/要望”，“ソーシャルコスト”用“社会的费用”，“マスタープラン”用“基本计画”，“アカウンタビリテイー”用“说明责任”来表述。这个要求就是对泛片假名化的一个纠正。

“二战”后不久，日本人把职业女性叫做“ビジネスガール”（bijinesuga-ru）。这个和制英语简称“BG”。但是在英语圈，这个词是“夜蝴蝶”“卖春妇”的意思。得知其真面目后日本的媒体全部不再使用“BG”。但是如何寻找替代“BG”的比较妥帖的词语呢？用“勤劳妇人”“劳动妇人”又嫌太俗气。为此周刊杂志《女性自身》开始征集代替方案。在收到的数十个方案中最后胜出的是“オフイスレデイ”（ofuisuredei），简称为“OL”。这个词赢得了美感和生命力，日本人至今还在使用。

最有意思的是在日本文字史上，也有因为外来语打官司的案例。比如电视台将“risk”表示为“リスク”（risuku），将“care”表示为“ケア”（kea），将“trouble”表示为“トラブル”（toraburu），将法语“concierge”表示为“コンシェルジュ”（koushierujyu），用这么多外来语，对于听众来说就成了一种精神负担。于是岐阜县有一位老年男性将NHK告到名古屋地方法院，要求NHK赔偿141万日元的精神损失费。这是发生在2013年6月的真实事情。当然最后这位老人没有能胜诉。但以此为契机，日本国立国语研究所专门讨论了这个问题，并拿出了“外来语换个说法”的提案。看来已经习惯了汉字色香味的日本老一代人，还真的不习惯西文片假名化后的另一种色香味。在他们的眼里，片假名破坏了语言的美。如，日语汉字里明明有“高级住宅”一词，但现在只要是新建造的住房，广告的宣传纸上都是用片假名书写的某某地方的“ザ・レジデンス”(za・rejidensu)。这个“ザ・レジデンス”是什么意思？战后不久出生的日本人，大多数不知其意。

10. 东洋美人汉字是“初恋蓟”？

创作过畅销书《火花》的作家又吉直树，想不到也是一位造词大师。他与书道家田中象雨合著的《铃虫炒饭》(幻冬舍，2012年)，就是又吉新四字熟语的大汇集。从“神様嘔吐”到“菩薩募集”共有120个新熟语。下面精选前10：

東京魍魎——舍弃故乡向东京出卖魂灵。表示好可怜的人。

他暴自棄——原本是“自暴自弃”，现在他暴也自弃。

合法非道——法律上没有问题，但不道德。

絶望茫々——没有开首，没有结束，当然更没有希望。

肌着観音——人在无防备的状态下，才是最放松的最舒心的，像观音一样地简单。

便所便覧——似是而非。但再往深处想，完全不相似。

精密乱舞——精密的又如何是乱舞的？乱舞的又如何是精密的？

軽薄連打——初次见面，马上打得火热。认识了一位来路不明的人。

祖母咆哮——稳健的祖母也咆哮了。表示喜乐哀怒大爆发的状态。

爆裂血族——一代、两代、三代人犯同样的错误。表示遗传的基因。

日本美文作家山下景子写有《美人的日本语》(幻冬舍,2005 年)。如何才是美人的日本语呢？作者的结论是：你要会用汉字说与写。如精选前 20：

花舞小枝

花筏/青二才

夢路/朧月/陽炎

初恋薊/風媒花

君影草/虞美人草

憧葛/咲初小藤

空蝉/花弁雪

秋茜/月見豆/夢見昼顔

恋染紅葉/木守柿/月見豆

在日本,常见的是美人,有品位的人要学会用敬语说话,因此敬语与美人的书并不少见。但东洋美女也与汉字相连,也与表意相关,则是看了这本书才知道的。无疑,美文作家山下景子提升了汉字的“格调”,不能不说是对汉字文化的一大贡献。

日本人“玩”汉字的同时,也在“玩”书法。

坐落在东京都代代木的明治神宫,每年的新年参拜地,都有中小学生的书法作品展示。不能说书法艺术就是上乘的,但在幼稚和拙笨中,看到的是一颗“汉心”在跳动：

生命の力/温故知新/雪花春望/空海飛曇/伝統の美/大地の恵み/元日の朝/鳥歌花舞/飛雪千里/世界和平/希望の光

既是书法艺术的再现,也是汉字领悟力的再现。

在日本历史上,舞文弄墨的帝王与武士、文人与僧侣为数也不少。

后阳成天皇的“龙”字。内实空疏，是将龙具象化的最好书法表现。

幕臣三舟之一的高桥泥舟的“骨”字。有枯枝之味，整体看是整然且温和的楷书。

木户孝允的“雪”字。被喻为“马力之作”。唐风的笔蚀展开与构成，出其不意地同时又是带有常识的平凡。书法技巧的构成所需要的目力，木户孝允都具备了。

日本“三迹”之一的小野道风“开”字。門的繁体省略，最终笔的伸开长度引人注目。肥瘦兼开的笔画，色艳饱满。字形带圆且稳，被誉为“和样”。到江户时代为止，这个“开”字是日本书法艺术的基准点。

八大山人的“咸”字。1860 年 1 月 13 日，胜海舟等百人登上从荷兰购入的军舰咸临丸，从品川海面出航。八大山人书写的“咸”字素朴率直，想来要为这次出航击鼓呼喊。

西川春洞的“寿”字。有“明治江户子”之称的书法家西川春洞，用游玩心一笔书成寿字。从中可见洒落心和书道无限论。

大政治家副岛种臣的“心”字。水中花？还是水槽中的海马？特别是左边的一竖，像棍子般。一颗正直心。在日本人的眼中，副岛种臣是超越空海的日本最高书法家。

良宽的“风”字。日本人书写“风”字，写得最上乘的就是江户时代的僧侣良宽。日本人喜欢这个字，就像喜欢“春一番”的大风一样。

11. 银座广告牌为什么不用痔字？

日本近代广告用语的名作——

今日は帝劇　明日は三越

这是 1911 年第一回文艺家协会新剧公演的海报。

一共8个汉字。如果说这还是较为工整的带有明治印痕的日语构造的话，那么1972年伊势丹百货的广告用语——

燃えるような唇

红唇用燃烧表示，预示了日本美少女文化将不可一世。燃—唇→燃唇，更是汉字的创意。

再看2006年资生堂的广告用语——

一瞬も　一生も　美しく

一种轻快，一种美肌后的轻快，像一阵风。汉字也呈现芳香。

1988年西武百货广告用语——

男は先に死ぬ

男人先死。那么先死之前，你将如何善待女人？买吧。买吧。买吧。汉字的使用虽无太大创意，但语意太刺激啦。

1999年相模橡胶工业的广告用语——

チン謝

应该是陈谢。而将“陈”调皮地写成片假名。似真似假，假假真真中，达成对用户的谅解。

1998年东日本旅客铁道的广告用语——

愛に雪　恋を白

雪与爱/白与恋。首先是色彩的视觉给人深刻印象。其次是“に”与“を”的日本式用法，给人的感觉这是一场“和恋”与“纯爱”。

1986年朝日啤酒的广告用语——

辛口

两个字。汉字的内敛力+汉字的一目了然性，真是广告中的绝品。

1987年大黑堂制药公司的广告用语——

ぢ

痔。恼人的痔。男女都有,但男人的雄性角色使得男人更羞涩。怎么办?于是出现在银座大街上的痔药广告,就表现为大大的“ぢ”字。不是说不能用汉字,但万事讲优雅的日本人,还是将“痔”变“ぢ”,甚至连“じ”都避开使用(痔的发音为“じ”)。这就像在超市买避孕套或女性的生理用品,收银员会将其放入纸袋里给客人一样。这表现出语言美与行为美的一致性。

近来日本网上的传播用语中,将“死”字表现为“タヒ”(tahi),将“死ぬ”表现为“タヒる”(tahiru)。死何以是タヒ?再仔细看看死字的下面不就是“タ与ヒ”吗?日本人灵性地发现了忌死的相近之字,委婉地表现同时显现语言力。会议桌前围坐的人,以前的“人々”“一人々々”的读法,现在改变成“人びと”“一人ひとり”的读法和表示,表现出一种优雅。“楽々”比“ラクラク”(rakuraku),“簡単”比“かんたん”(kantan)要更容易。从语序上说,日语是名词在前动词在后,但有时广告用语会有变化。如“水を飲む”这是日语的正常语序,有时也会出现“飲水”的字样。再如“禁無断転載”“於10F会議室”“全産業(除金融)”“戦前(含戦中)”等,这些完全是中文的语序了。但也有语序不变的汉字表达,如美容业的“白毛染除”、招募员工时的“写真貼”、政治用语中的“EU離脱”等。

当然,汉字与汉语对日本人来说,要融会贯通地掌握也并非易事。有些日本政治家的演说将“不俱戴天”用在“决意”上,说成“不俱戴天的决意”。但中国古典《礼记》是说“不俱戴天的敌人”。这显然是没有吃透古典的原意而乱用。小学校长在校运动会上发言说“今天是晴天霹雳的好天气”,引发家长一片恐慌,不解何来“晴天霹雳”。

电线杆上,贴有东京秋叶原附近的万世桥警察署的“警告”文:

“这里垃圾扔掉，并且不是地方。/垃圾的不法抛弃被罚。/在这个地方，防止犯罪照相机被设置。”

每句话都是病句。这还是来自日本警察署的公文书。显然，日本人并不都是汉字与汉语的高手。

还有日本超市里的汉语：

“在本店，凑齐许多土特产。”

日本人能想到“凑齐”一词已经是相当不错了，但问题是这里不应该用“凑齐”。

埼玉县户田市市政厅寄给当地外国人的通知书有六种文字。看看中文的：

“我们派了一个新的保险卡，因为你更新签证。”

“保险卡，你现在有到期后，请使用这个新的保险证。”

能明白意思吗？第一句话的意思是：

因为你更新了签证，所以我们寄新的保险卡给您。

第二句话的意思：

您现在持有的保险卡到期后，请使用寄上的新的保险卡。

看来汉字汉文的难度，对日本人来说还是巨大的。

这就像“在宅看護”“日帰介護”一样，中国人也是学不来的。在宅为什么是“看護”的？日归为什么是“介護”的？即便是汉字，非日语圈的人也是难以明白其中的语感的。当年前首相小泉纯一郎振臂高呼自民党“潰す”。这个“潰”字，也是我们用不来的。当然，“米洗ぶ前に蛍の二つ三つ/米洗ぶ前を蛍の二つ三つ”。用“に”是死，萤火虫死了；用“を”是活，萤火虫活着。能明白为什么吗？在站台上，当广播说“ただいま一番線を——”，不用听下文，只要有个“を”字，一定是有电车要通过本站。

当广播说"ただいま一番線に——",不用听下文,只要有个"に"字,一定是有电车马上进站了。在日本人的眼里,"を/に"就是最终行为的指示符。

12. 中国新词与日本新词的文化反哺

当我们说"积极的/消极的"的时候,这个"的"(てき/teki)是英语-tic的音译。合理的/科学的/封建的/経済的/本格的/国際的/個人的/圧倒的,等等,什么名词都能带上一个"的"字。而日本人最喜欢也最乐意说的是"日本的",如"日本的なもの""日本的構造""日本的経営""日本的雇用""日本的考え方"等。2015年日本学者柴崎信三出版《日本的なものとは何か》(《何谓日式之物》)。他从19世纪末的浮世绘开始说起,如数家珍般的将陶瓷器、和食、建筑、动漫、时尚等排列了一下。而前几年大桥良介出版《日本的なもの ヨーロッパ的なもの》(《日式之物·欧式之物》),则将日式与欧式文化做比较,这本书也因此成了比较文化学的经典著作。这里的"日本的"都可以翻译成"日本式"。日本著名大学者铃木大拙写有代表作《日本的霊性》,这里也必须翻译成《日本式灵性》才妥帖。英语是"Japanese",中文是"日式",日语是"日本的"。一开始是二字词加"的",后来变成一字词加"的",如"病的""劇的""私的"等。这种"一字汉字"的结尾词是日本人的得意技巧,在语言上有很多。如以"中"结尾的有"工事中/故障中/授業中/仕事中"等。显然这个"中"字,就是对英语进行时的领悟与翻译。如以"点"结尾的词:"要点/弱点/問題点/到達点"等。以"性"结尾的词:"安全性/公共性/生産性"。以"上"结尾的词:"便宜上/歴史上/政治上"等。此外还有诸如"○○面""○○力""○○界""○○式""○○製""○○感""○○観""○○制"等词。这些都是明治以来日本学生喜欢说喜欢写的,当时的中国留学生也就原封不动地带回国,并不嫌弃地使用。照日本语言学者的说法,这些词语对中国人来说都属于“外来语”。

还有“手续”这个词。日语是“手続き”,当时的中国留学生回国后就将“き”去掉了,变成了现在还在使用的“手続”。1915 年,中国留日学人彭文祖在东京出版《盲人瞎马之新名词》一书,认为面对日本的新名词,我们不能盲人瞎马一样不分青白地套用。因此他反对使用日语的“手续”,认为改用“次序”或“程序”为好。现在看来这是有问题的。如我们说“去办出国手续”,怎么能说成“去办出国程序”“去办出国次序”呢?再如日语的“取缔”一词,彭文祖主张改为中国古已有之的“禁止”或“管束”。但日语的“取缔”主要是强调监督与管制,如“取缔强化”就可理解为监督或管制的强化,所以这个词在日本并没有“禁止/取消”的意思。日语里还有“取缔役”的说法,专指公司董事这个职位。这个问题的发生恐怕是当时的留学生在拿回来使用的时候,按字义将“取缔”用在了禁止或管束的方面。这可能就属于语言意思上的特化了。如“登校”——在日本是去学校的意思,在中国是小学一年级学生第一天上课的意思。“空巢”——在日本指家里没人小偷上门偷东西,在中国指高龄者一人在家孤守。“留守”——在日本是指不在家,在中国是指在家。这种语言意思的特化,也是语言在输入与被输入的过程中,语境与语感在发生着的微妙的方向性的变化。而这个变化一旦被大众认可,就是一种观念的尘埃落定。

“中古車”一词,日本在 1957 年的《日本国语大辞典》中就收录了。这个词经由中国台湾地区在 21 世纪初传到中国大陆。在这之前中国已经有“二手车”一词。二手车的含义是他人用过的,但款式等不一定很古旧的车。但日语的“中古”二字在中国就有款式古旧的感觉。“中古”二

字出现在江户时代,那个时候发音为“ちゅうぶる”(tyuuburu)。昭和初期出现片假名的“セコハン”(sekohan),源自英语的“secondhand”。昭和三十年代以后出现发音为“ちゅうこ”(tyuuko)的“中古”,如现在还在使用的“中古品”“中古マンション(公寓)”等词,其中的“中古”就读成“ちゅうこ”。

“職場”这个汉字词日本很早就有了。这个词也是在21世纪初传入中国的。我们在使用时是指高学历的人上班的地方,也就是白领工作的场所。而日语里“職場”是没有这层意思的,也就是说这个词与高学历和脑力劳动没有关系。在中国,体力劳动的场所叫“车间”,党政干部工作的场所叫“机关”,而在日本统称为“職場”,如日本政治的中枢霞关这个地方,就被日本人称之为日本最大的官僚“職場”。

“人脉”一词最先在昭和三十年代出现在日本的经济界。词源并不是来自人跳动的脉搏,而是“山脉”“旷脉”的类推。1972年三省堂出版的《新明解国语辞典》最早收录了这个汉字词。《广辞苑》在1983年第三版里也收录了这个词。人脉在中国被理解为“关系”。如果说“关系”是一般老百姓使用的话,那么“人脉”有比“关系”再高一层的感觉。说这个人人脉广,可能就是暗指这个人在政府部门有熟人。

有趣的是,面向日本发行的日语版《人民中国》,2016年从第1期到第12期,介绍了48组汉语新词和网络用词,表明汉字发源地也在与时俱进,为汉字文化增添新的元素。

第1期:脑洞大开/孩动力/蹭跑族/男友力

第2期:供给侧改革/节孝族/反向春运/画风

第3期:寒潮经济/网红/公主病/贪内助

第4期:攒人品/冒名鸡汤/双创/隔代寄养

第 5 期：凹造型/黑科技/区间调控/刷单

第 6 期：尴尬症/中国智造/反差萌/抱团养老

第 7 期：炫瘦/民主痛点/分享经济/型男

第 8 期：快递垃圾/刚性泡沫/套路/网络主播

第 9 期；隐性单亲/人力资本红利/烧脑/傲娇

第 10 期：洪荒之力/辣眼睛/喷子/毯星

第 11 期：老司机/吃土/吃瓜群众/一言不合就

第 12 期：分享冰箱/鸵鸟干部/带感/在线

这里面必须注意的一点是：中国新词流向日本，原封不动地被使用的概率很低，一般都要作些适合日语表达的调整。如：带感——グっと来る、在线——オンラインオーケー、鸵鸟干部——ダチョウ幹部、分享冰箱——シエア冷蔵庫。而日本新词流向中国，原封不动被使用的概率很高。如近年传到中国的日本新词，写真、寿司、汉方、超萌、爆买、定食、料理店、便当、熟女、黄金周、收纳等，都可以一字不动地使用。而近年来最具翻译力的一个新词就是“卡哇伊”。中国新词与日本新词，有文化上的碰撞，但更多的是相容与相合。如“少子化”，日本在 1992 年度的国民生活白皮书里就使用了这个词。但不可忽视的是，当时中国计划生育推出独生子女的国策，则是为这个词的产生提供了可遵循的社会文化背景。可能这就是语言的文化反哺吧。哲学家柄谷行人在《战前的思考》一书中说，到江户时代为止，日语是汉语的一个亚种。从这个意义上说，中国新词与日本新词实在可以说是在同一屋檐下，各自述说着我们的孔子、他们的天照大神。

汉字文化的底蕴。呼福的节分祭。鬼外福内。

咖喱，也可以用“カレ——”的片假名表示。还有，鬼夹在盖浇饭里，是什么滋味?

2016年汉字三千年的东京展。引发日本人共鸣的是汉字的美。

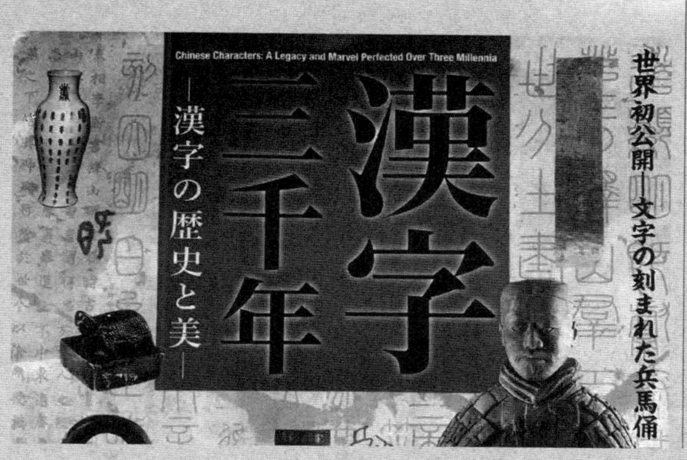

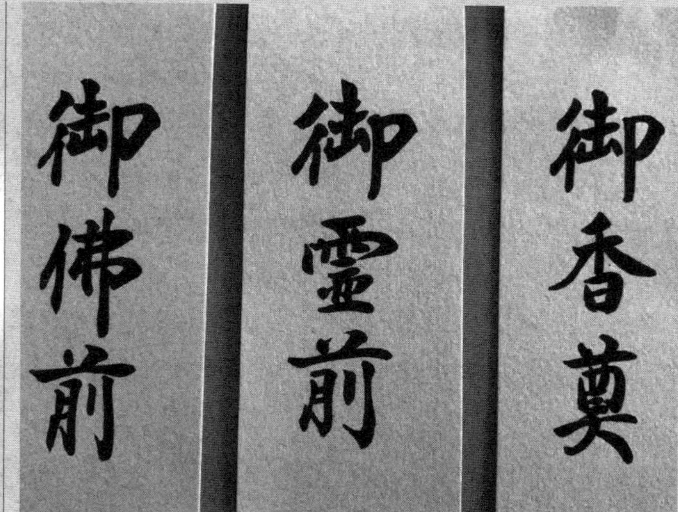

日本佛式葬礼上的汉字。

日本超市里的鱼汉字。

继续是力，汉字更是力。

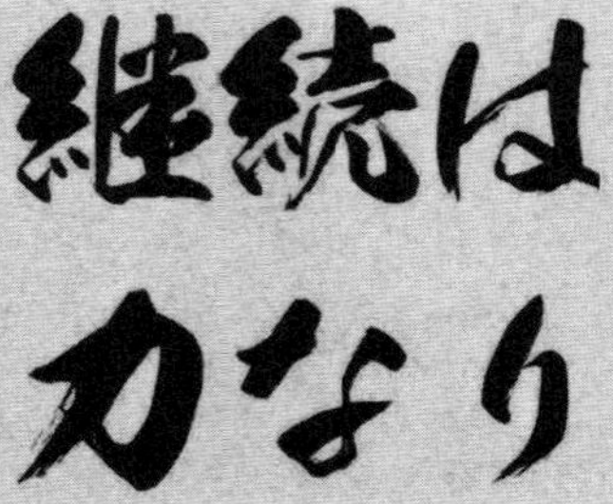

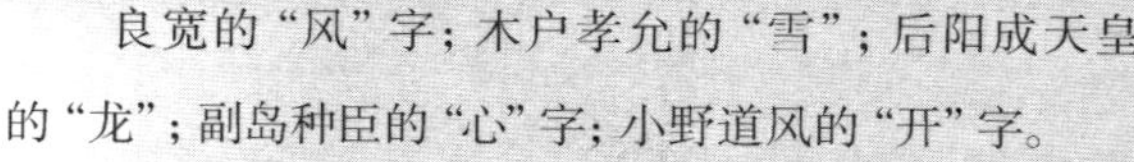

良宽的“风”字；木户孝允的“雪”；后阳成天皇的“龙”；副岛种臣的“心”字；小野道风的“开”字。

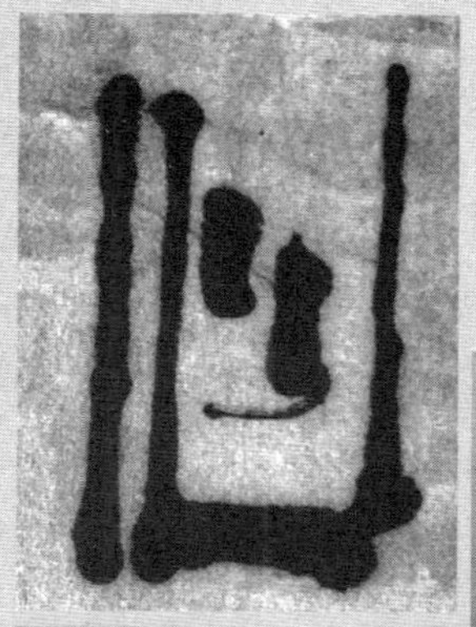

汉字屋。

结语

日本人叹服中国人的汉字力

据说仓颉造字的时候,鬼哭神号。后人说这是一种魔界幻境。

为何一定要进入这种魔界幻境才能造字?这始终是个谜。

太初有字,字与神同在。字就是神,神就是字。

原来如此。

点破这个谜底的人是谁?是有日本汉字研究第一人之称的白川静教授。他毕生研究汉字,发现汉字是进去了怎么也转不出来的魔方。非鬼哭神号不能解决问题。

最近读到他的一篇文章,感到汉字的世界真是精彩纷呈。白川教授这样写道:

苏东坡和佛印禅师都是才气禅机的友人。有一次,佛印禅师给了东坡如下的文字:

野野 鸟鸟 蹄蹄 时时 有有 思思 春春 气气 桃桃 花花 发发 满满 枝枝 莺莺 雀雀 相相 呼呼 唤唤 严严 畔畔 花花 红红 似似 锦锦 屏屏 堪堪 看看 山山 秀秀 丽丽 山山 前前 烟烟 雾雾 起起 清清 浮浮 浪浪 促促 潺潺 湲湲 水水 景景 幽幽 深深 处处 好好 追追 游游 傍傍 水水 花花 似似 雪雪 梨梨 花花 光光 皎皎 洁洁 玲玲 珑珑 似似 坠坠 银银 花花 折折 最最 好好 柔柔 茸茸 溪溪 畔畔 草草 青青 双双 蝴蝴 蝶蝶 飞飞 来来 到到 落落 花花 林林 里里 鸟鸟 啼蹄 叫叫 不不 休休 为为 忆忆 春春 光光 好好 杨杨 柳柳 枝枝 头头 春春 色色 秀秀 时时 常常 共共 饮饮 春春 溶溶 酒酒 似似 醉醉 闲闲 行行 春春 色色 里里 相相 逢逢 竟竟 忆忆 游游 山山 水水 心心 息息 悠悠 归归 去去 来来 休休 役役

苏东坡阅读再三，似云里雾里。站在一旁的聪明绝顶的小妹，则飞快地组合了以下的诗句：

野鸟啼，野鸟啼时时有思，有思春气桃花发，春气桃花发满枝，满枝莺雀相呼唤，莺雀相呼唤严畔，严畔花红似锦屏，花红似锦屏堪看，堪看山，山秀丽，秀丽山前烟雾起，山前烟雾起清浮，清浮浪促潺湲水，浪促潺湲水景幽，景幽深处好，深处好追游，追游傍水花，傍水花似雪，似雪梨花光皎洁，梨花光皎洁玲珑，玲珑似坠银花折，似坠银花折最好，最好柔茸溪畔草，柔茸溪畔草青青，双双蝴蝶飞来到，蝴蝶飞来到落花，落花林里鸟啼叫，林里鸟啼叫不休，不休为忆春光好，为忆春光好杨柳，杨柳枝头春色秀，枝头春色秀时常共饮，时常共饮春浓酒，春浓酒似醉，似醉闲行春色里，闲行春色里相逢，相逢竞忆游山水，竞忆游山水心息，心息悠游归去来，归去来休休役役。

最后，这位白川教授不得不感慨万千：真是了不起的汉字大国。

而日本学者佐佐木睦在《汉字的魔力》（讲谈社，2012年）中，将中国的四大名著之一的《红楼梦》称之为“汉字学”。佐佐木睦作为一位日本读者，能注意到《红楼梦》里登场人物的名字都有寓意，也确属不易。如第一回登场的人物甄士隐，贾雨村就有“真事隐”“假语存”的托付之说。贾鱼村的绰号为“时飞”，也就是“实非”的谐音，表明非实在，提示读者整个故事是虚中有实，实中有虚。贾家的四个女儿，元春、迎春、探春、惜春的名字取一字即为“元迎探惜”，解读为“原应叹息”，原来就应该叹息，暗含了四女的悲剧色彩。此外，英莲等于“应怜”；娇杏等于“侥幸”；封肃等于“风俗”；冯渊等于“逢冤”；单聘仁等于“善骗人”；卜世仁等于“不是人”等。就连林黛玉也可理解为“林中待玉”（宝玉）。对此作者最后总结道：从这个角度来说，把《红楼梦》当作汉字游戏文学来读可能更有趣。

当然，也有日本学者注意到了国学大师章太炎曾为一位有钱人写下一副对联：

一二三四五六七

孝悌忠信礼义廉

但是这位日本学者不明其意，便问一位造诣颇深的中国学者。这位中国学者说，这副对联的看点在于其无字之意。有钱人拿到章太炎的亲笔联语，甚为得意，马上命人将对联悬于高堂附庸风雅。但一天，有一位明眼人含笑对有钱人说：“对联写得很好，可惜上联忘八，下联无耻，似乎有点取笑伤人之意。大意是说王八，无耻也。”有钱人听后即气又羞。从这点说这才是真正的汉字力。

汉字是一种文化行为。它不仅鲜活于纸上，还物化于所有的空间。万里长城的东端山海关附近，有孟姜女庙。庙门上的对联是绝对有趣的：

海水朝朝朝朝朝朝朝落

浮云长长长长长长长消

七个“朝”字，七个“长”字。这副对联相传是南宋状元王十朋所撰。它利用中国汉字一字多音，一字多义的特点，反反复复，重重叠叠。海潮涨落，浮云长消。是自然？还是人生？令人遐想无边。来旅游的日本人，看到这副对联，没有一个不佩服中国人的汉字力的。

在日本，中华料理店多。日本人也喜欢吃中华料理。“青椒肉丝”“麻婆豆腐”“糖醋肉块”等都是中华料理店的招牌菜。日本人在品尝中华料理的同时，也佩服中国人舌尖上的汉字。日本人说中国料理天下有名，其汉字也特别火爆。如火字旁的汉字有：

炒/炊/烧/炸/焗/焖/烩/熘/烘/炖/烤/煸/煨/炆/爆/烁/灼/焗/焯

一个舌尖上的中国跃然纸上。

当然，如果更要愉悦舌尖的话，下列的汉字不可不知：

煎/熬/蒸/煮/滚/涮/烫/煲/酱/茹/熏/糟/醉/腊/风/卤/蘸/羹

可见，用词的细腻来自心理观察的细腻。

日本人敬佩中国汉字的游刃有余：

一点两点三点冰冷酒

百头千头万头丁香花

日本人喜欢中国汉字的精美对仗：

三星白兰地

五月黄梅天

美国耶鲁大学教授理查德·尼斯贝德这样说过：现在世界上有超过10亿人在享用古希腊的知识遗产，有超过20亿人在继承古代中国文化传统。

这“古代中国文化传统”是否也包含汉字在内？我想是肯定的。

可以这样说，汉字是东洋共同的血脉，是世界文字的心与魂。

天地玄黄/宇宙洪荒

汉字的这种万古雄风，西洋文字能与抵挡？

冷冷清清凄凄惨惨寂寂寞寞寻寻觅觅朦朦胧胧潺潺湲湲清清爽爽明明暗暗红红绿绿逶逶迤迤迢迢切切滚滚涛涛空空满满

……

你可以无止境的组合下去。但绝不是无意义乱麻的重复或难辨符号的重叠。而是一种心向，一种人文，或者一种思绪，透过汉字内在的气韵，艺术地述说着宇宙本体的故事。

只有汉字，才有这样的终极意象。